우리의
소망
하나님
나라

우리의
소망,

하나님
나라

정주채 지음

생명의 양식

목차

제13장_죽음 준비

epilige

부록_묻고 답하다(Q&A)

1. 하나님은 과연 존재하나요? 존재하신다면 그분은 어떤 분
   이신가요?

2. 하나님나라에 가신 성도들이 아직 이 땅에 살고 있는 사
   람들을 보고 있을까요?

3. 휴거(携擧 rapture)란 무엇인가요?

4. 복음을 듣지 못하고 세상을 떠난 사람들은 어떻게 되나요?

5. 천국을 보았다는 사람들의 간증을 어떻게 이해해야 할까요?

prologue

복음서의 주제는 하나님나라입니다. 그러나 필자가 신학교에 다닐 때에는 하나님나라에 대한 공부가 소홀하였습니다. 교수들도 학생들도 관심이 적었습니다. 보수신학의 약점이라고 하겠습니다. 필자가 목회를 시작한 후 성경 본문에 좀 더 직접적으로 다가가면서 하나님 나라에 대한 관심이 커졌습니다. 이것이 성경의 핵심적인 주제임을 알았기 때문입니다. 그러나 관심만 커졌을 뿐 이를 정리해서 잘 가르치거나 설교하지 못했습니다. 목회현장에서 은퇴를 하고 나이도 들어가면서 하나님나라에 대한 관심이 더 많아졌습니다. 그리고 이를 정리해봐야겠다는 생각도 더 강해졌습니다. 나아가 이를 성도들과 함께 나누어야 하겠다는 마음도 더 깊어졌습니다.

필자는 모태신앙이라 어릴 때부터 부모님이나 교회선생님들로부터 성경을 많이 읽으라는 말씀을 많이 들었습니다. 때로는 무슨 뜻인지 전혀 알지 못하면서도 무조건 읽었습니다. 그러다가 청년기를 지나 목사가 되면서 성경에서 아주 인상 깊은 내용을 새삼 발견한 것이 있는데 그것은 바로 "소망"이었습니다. 창세기부터 시작하여 요한계시록에 이르기까지 그 중심에 큰 강이 흐르고 있는데 그것이 바로 소망의 강이라는 것을 알게 된 것입니다.

성경에서 언약, 예언, 예표와 상징들은 모두 미래를 향하여 있고 미래를 소망케 하는 말씀들입니다. 성경은 소망의 책입니다. 하나님께서 창세기에서 "여자의 후손(*단수임을 기억하십시오)은 네 머리를 상하게 할 것이요 너는 그의 발꿈치를 상하게 할 것이니라"창 3:15b 고 하신 말씀에서부터 요한계시록의 "아멘 주 예수여 오시옵소서"계 22:20. 마라나타에 이르기까지 우리로 하여금 미래를 기대하며 소망 중에 살아갈 것을 보여주셨습니다.

소망은 생명과 같습니다. 우리에게 소망이 있다는 것은 곧 살아있다는 것입니다. S. A. 키에르케고르는 그의 저서 『죽음에 이르는 병』에서 죽음에 이르는 병은 절망이라고 했습니다. 곧 소망이 없는 것이 죽음이라는 것입니다. 이 병은 육체적으로 건강하게 살아있다고 해서 낫는 것도 아니며, 또 죽음으로 완전히 해결되는 것도 아닙니다. 절망이란 바로 하나님과 관계의 끊어짐에서 오는 것이기 때문입니다. 키에르케고르가 말한 소망은 성경이 말씀하고 있는 영생입니다. 따라서 영생의 소망이 없는 사람은 살아있는 자 같으나 실상은 죽은 사람입니다.

소망을 가진 사람은 살아있고 생기가 나고 기쁨이 있습니다. 소망은 고난 중에서도 즐거워하며 인내할 수 있는 용기와 담력을 가져다줍니다. 특별히 영생의 소망 즉 하나님나라의 소망은 일상생활의 목표이고 우리 인생의 궁극적인 목적이며 희망입니다. 신앙생활은 바로 하나님의 언약의 말씀을 믿고 소망하며 사는 삶입니다. 이런 소망이 이 책을 통해 여러 독자들의 마음에 샛별처럼 떠오를 수 있기를 바랍니다.

2024. 7. 15.
정주채 목사(향상교회 은퇴)

제1장

소망의
하나님

▶ 모든 소망은 하나님께 있고 그에게서 나옵니다. 이 소망의 하나님은 어떤 분이십니까? 하나님은 우리를 창조하셨고, 미래에 복 주실 것을 언약하셨으며, 우리를 죄에서 구원하심으로 우리에게 소망을 주셨습니다.

> "나의 영혼아 잠잠히 하나님만 바라라 무릇 나의 소망이 그로부터 나오는도다"_시62:5

> "우리 주 예수 그리스도와 우리를 사랑하시고 영원한 위로와 좋은 소망을 은혜로 주신 하나님 우리 아버지께서 너희 마음을 위로하시고 모든 선한 일과 말에 굳건하게 하시기를 원하노라"_살후 2:16,17

▶ 소망은 미래에만 속한 것이 아닙니다. 이는 오늘을 살아가는 우리들에게 큰 힘과 용기를 주고 활기를 가져다줍니다.

> "내 영혼아 네가 어찌하여 낙심하며 어찌하여 내 속에서 불안해 하는가 너는 하나님께 소망을 두라 그가 나타나 도우심으로 말미암아 내가 여전히 찬송하리로다"_시 42:5

---

* '희망'과 '소망'은 둘 다 기대하고 바란다는 뜻입니다. 그런데 우리말 성경에서는 대부분 소망이라는 단어를 사용합니다. 소망은 이미 약속된 것을 믿고 바란다는 의미에서 희망이란 말과 차이를 두고 있습니다.

1.
창조의 하나님

하나님께서는 생명을 창조한 분이시고 생명을 주시는 분이시므로 소망의 하나님이십니다. 생명은 시간적으로 현재 뿐 아니라 미래를 포함합니다. 따라서 생명이 있다는 것은 미래가 있다는 말입니다. 하나님은 우리에게 생명을 주셨고 소망 중에 즐거워하며 살도록 이끄십니다. 하나님은 우주와 천지만물을 창조하셨습니다. 그리고 자연과 함께 만물의 영장인 사람을 창조하셨습니다. 하나님의 형상을 따라 사람을 만드시되 남자와 여자를 만드셔서 둘이 한 몸을 이루어 살도록 하셨습니다. 가정을 세우신 것입니다. 하나님은 이 가정을 통해 새로운 생명을 태어나게 하시며 지금도 창조의 사역을 계속하고 계십니다. 가정은 창조의 크라운이며, 인류의 소망을 이어가는 공동체입니다.

또한 하나님은 자연을 통해 우리 사람들에게 생명의 아름다움과 풍성함을 깨닫고 누리게 하십니다. 나아가 계절의 순환을 통하여 새로움을 맛보며 희망을 갖도록 우리를 자극하고 도와주십니다.

2.
언약의 하나님

* '언약'이란 히브리어의 베리트(영어 covenant)의 번역인데, '약속' 혹은 '계약'과 같은 의미입니다. 그런데 우리말 성경의 경우 대부분 언약이라는 단어를 사용하고 있습니다. 국어사전에는 언약을 "말로 약속함"이라고 해서 한자어 "言約"을 문자적으로 설명하고 있는데, 성경에서는 사전에서 설명하는 것과는 관계없이 "하나님의 약속"을 가리키는 말로 사용하고 있습니다. 언약은 하나님께서 주도적으로 우리에게 주신 약속으로 우리는 그 약속의 수혜자들일 뿐입니다.

언약은 미래에 주실 은혜에 대한 하나님의 약속입니다. 하나님이 우리에게 언약을 주심으로 그것을 믿고 소망 중에 살게 하십니다. 하나님의 언약의 말씀인 성경은 소망의 책입니다.

> "여호와의 말씀이니라 너희를 향한 나의 생각을 내가 아나
> 니 평안이요 재앙이 아니니라 너희에게 미래와 희망을 주는
> 것이니라"_렘 29:11

성경은 언제나 미래를 바라보게 합니다. 미래에 대한 약속을 주시므로 우리가 믿고 소망하며 열심히 살게 하십니다. 이것은 우리를 축복하시는 하나님의 방법입니다. 아브라함의 예가 대표적입니다. 하나님은 아브라함을 불러서 "내가 네게 보여줄 땅으로 가라" 하시며 다음과 같이 언약하셨습니다.

> "내가 너로 큰 민족을 이루고 네게 복을 주어 네 이름을 창
> 대하게 하리니 너는 복이 될지라… 땅의 모든 족속이 너로
> 말미암아 복을 얻을 것이라"_창 12:1-3

아브라함은 이 언약을 믿었고 어디를 가나 이 언약의 성취를 바라보며 살았습니다. 그리고 그는 하나님의 복을 받아 모든 믿는 자들의 조상이 되었습니다. 이스라엘의 역사, 하나님의 구원역사는 여기서 시작됩니다. 언약의 아들인 이삭은 장차 오실 메시아를 예표합니다. 하나님은 율법과 선지자들을 통하여 이를

거듭 확인하시고 예언하셨습니다. 이사야 7:14, 9:6, 11:1 등은 그리스도의 탄생을 예언한 아주 잘 알려진 예언들입니다.

"그러므로 주께서 친히 징조를 너희에게 주실 것이라 보라 처녀가 잉태하여 아들을 낳을 것이요 그의 이름을 임마누엘이라 하리라"_사 7:14

"이는 한 아기가 우리에게 났고 한 아들을 우리에게 주신 바 되었는데 그의 어깨에는 정사를 메었고 그의 이름은 기묘자라, 모사라, 전능하신 하나님이라, 영존하시는 아버지라, 평강의 왕이라 할 것임이라 그 정사와 평강의 더함이 무궁하며 또 다윗의 왕좌와 그의 나라에 군림하여 그 나라를 굳게 세우고 지금 이후로 영원히 정의와 공의로 그것을 보존하실 것이라 만군의 여호와의 열심이 이를 이루시리라"_사 9:6

"이새의 줄기에서 한 싹이 나며 그 뿌리에서 한 가지가 나서 결실할 것이요 그의 위에 여호와의 영 곧 지혜와 총명의 영이요 모략과 재능의 영이요 지식과 여호와를 경외하는 영이 강림하시리니 그가 여호와를 경외함으로 즐거움을 삼을 것이며 그의 눈에 보이는 대로 심판하지 아니하며 그의 귀에 들리는 대로 판단하지 아니하며 공의로 가난한 자를 심판하며 정직으로 세상의 겸손한 자를 판단할 것이며 그의 입의 막대기로 세상을 치며 그의 입술의 기운으로 악인을 죽일 것이며 공의로 그의 허리띠를 삼으며 성실로 그의 몸의 띠를 삼으리라"_사 11:1-5

그리고 하나님은 말세에 성령을 보내시겠다고 약속하셨습니다. 성령이 오시면 우리가 장래의 일을 말하고 꿈을 꾸며 이상을 볼 것이라고 하셨습니다.

"그 후에 내가 내 영을 만민에게 부어 주리니 너희 자녀들이 장래 일을 말할 것이며 너희 늙은이들은 꿈을 꾸며 너희 젊은이들은 이상을 볼 것이며"_욜 2:28

우리는 일반적으로 성령은 권능을 주시는 분이시라고 생각합니다. 그런데 성령은 권능을 주시기에 앞서 우리로 하여금 소망을 갖고 꿈을 꾸게 하십니다. 성령강림 후 제자들이 성령으로 충만해진 모습을 보며 "새 술에 취하였다"고 비난하는 사람들이 있었는데, 사도 베드로는 술에 취한 것이 아니라 요엘 선지자가 예언한 말씀이 성취된 것이라고 설교하였습니다.

사도가 성령 충만을 설명하면서 가장 먼저 요엘서의 위 본문을 인용하였다는 것에 우리는 크게 유의할 필요가 있습니다.

하나님은 그의 언약으로 우리에게 소망을 갖고 미래를 말하고 꿈을 꾸게 하시는 분입니다. 따라서 우리는 하나님이 언약하신 말씀을 읽고, 듣고, 믿고, 지키면서 소망 중에 살아갑니다.

그리고 하나님의 언약에는 기도응답의 약속도 있습니다. 하나님은 예레미야를 통해 "너희가 내게 부르짖으며 내게 와서 기도하면 내가 너희들의 기도를 들을 것이요 너희가 온 마음으로 나를 구하면 나를 찾을 것이요 나를 만나리라"렘 29:12,13고 약속하셨습니다. 특별히 예수님은 기도에 대한 많은 가르침을 주셨고, 기도응답을 크게 강조해서 말씀하셨습니다.

> "구하라 그리하면 너희에게 주실 것이요 찾으라 그리하면 찾아낼 것이요 문을 두드리라 그리하면 너희에게 열릴 것이니 구하는 이마다 받을 것이요 찾는 이는 찾아낼 것이요 두드리는 이에게는 열릴 것이니라"_마 7:7,8

기도에 응답하시는 하나님과 그의 약속을 믿기 때문에 우리는 항상 기도하고 기대하며 주 앞에 나아갑니다. 하나님의 언약은 폐하여지지 않습니다.

> "풀은 마르고 꽃은 시드나 우리 하나님의 말씀은 영영히 서리라 하라"_사 40:8

3.
구원의 하나님

인류는 죄로 인해 생명과 소망을 잃었습니다. 이런 우리를 구원
하시려고 하나님은 그의 독생하신 아들 그리스도를 세상에 보
내셔서 십자가로 우리의 죄를 속량하셨습니다. 롬 3:23,24 그리고
그의 능력으로 아들을 다시 살리셔서 우리의 주와 구주가 되게
하셨습니다. 하나님은 그리스도를 자기의 보좌 오른편에 앉히셨
고 모든 권세와 능력과 주권을 주셨습니다. 따라서 누구든지 그
리스도를 믿는 사람들은 거듭나서 하나님의 자녀가 되는 놀라운
권세를 얻게 하셨고 요 1:12, 그 아들의 기업을 잇게 하셨으며 롬
8:17, 영생의 소망을 가지고 살게 해주셨습니다. 베드로 사도는
하나님은 그리스도를 죽은 자 가운데서 살리심으로 우리를 거듭
나게 하셔서 우리에게 "산 소망"living hope을 주셨다고 했습니다.

"우리 주 예수 그리스도의 아버지 하나님을 찬송하리로다 그의 많으신 긍휼대로 예수 그리스도를 죽은 자 가운데서 부활하게 하심으로 말미암아 우리를 거듭나게 하사 산 소망 이 있게 하시며 썩지 않고 더럽지 않고 쇠하지 아니하는 유 업을 잇게 하시나니 곧 너희를 위하여 하늘에 간직하신 것 이라"_벧전 1:3,4

| 복습 |

1. 당신은 '모든 소망이 하나님께 있고 그로부터 나온다'는 것을 믿습니까?

_____

_____

_____

_____

2. 그 믿음의 근거는 무엇입니까?

_____

_____

_____

_____

제2장

하나님 나라의
정의와 특성

▸ 하나님이 우리에게 주신 가장 큰 소망은 하나님나라입니다. 이 소망은 현재뿐 아니라 미래와 영원까지 이릅니다. 예수님의 가르침과 설교의 주제는 단연 "하나님나라"였습니다. 복음서에는 "하나님나라[천국]"란 말이 100번 이상 나옵니다. 이 중에서 대부분은 예수님께서 사용하셨습니다. 예수님께서 공적 사역을 시작하시면서 첫 번째 한 설교의 주제가 바로 이것입니다. 마가복음 1:15 "때가 찼고 하나님나라가 가까왔으니 회개하고 복음을 믿으라" 그리고 이어지는 그의 모든 사역과 가르침의 주제 역시 하나님의 나라였습니다.

▸ 그가 가르치신 수많은 비유들은 하나님나라에 대한 비유입니다. 대부분의 비유들이 "하나님나라는 이와 같으니"라는 말씀으로 시작되고 있습니다. 그가 승천하시기 직전에 하신 마지막 말씀의 주제도 역시 하나님나라였습니다.

> "그가 고난 받으신 후에 또한 그들에게 확실한 많은 증거로 친히 살아계심을 나타내사 사십 일 동안 그들에게 보이시며 하나님나라의 일을 말씀하시니라"_행 1:3

1.
하나님나라의 명칭

하나님나라의 명칭에는 여러 가지가 있습니다. 천국, 낙원 눅
23:42, 새 예루살렘 계 3:12, 하나님의 집 히 10:21, 아버지 집 요 14:2,
영원한 나라 벧후 1:11, 새 하늘과 새 땅 벧후 3:13, 계 21:1, 안식 히
4:8, 그 사랑의 아들의 나라 골 1:13, 셋째 하늘 고후 12:2, 하늘의
보좌_계 4:2 등입니다. 이들 중에서 대표적인 명칭은 하나님나라
"the kingdom of God와 "천국"the kingdom of heaven입니다.

구약에는 천국에 대한 직접적인 명칭은 없으나 '하나님
이 계신 곳'으로 묘사되고 있습니다 창 28:12-13, 욥 1:6-7, 사 6:1, 사
14:12-14, 단 7:13 등. 그리고 구약 시대의 성도들도 하나님나라를
소망하고 있었다는 것을 시사해주는 말씀들이 많습니다. 예를
들어 에녹은 하나님과 동행하다가 죽음을 보지 않고 "천국"으로

데려감을 당하였다고 했고 창 5:24, 히 11:5, 야곱은 꿈에 하나님이
계신 곳을 보았으며 창 28:12,13, 다윗은 그의 일생이 끝나면 여호
와의 집에 영원히 거하게 될 것을 시 23:6 확신 가운데서 소망하
였습니다.

* "천국"은 마태복음에서 주로 사용하고 있으며, 그 외에는 유일하게 바울 서신에 한 번 나옵니다(딤
후 4:18). 사도 마태는 "하나님"이란 말을 직접 사용하는 것을 조심스러워하는 유대인들의 습관을
따라 "천국"이란 명칭을 주로 사용한 것으로 보입니다. 그리고 우리나라 사람들의 경우는, 같은 뜻
이면 가능한 짧은 낱말을 사용하는 습관이 있어 "천국"이란 명칭을 주로 사용하고 있습니다. 한국
교회에서는 이전에 이란 말을 쓰기도 했는데 요 14:1-3의 "아버지 집, 거처" 등을 근거로 "천당"이
라는 단어를 사용한 것으로 보입니다.

2.
하나님나라의 정의

하나님나라를 가장 간단하게 정의하면 "하나님의 은혜로운 다스림의 영역이며, 이 은혜를 믿고 순종하는 백성으로 이루어지는 나라"라고 할 수 있습니다. 많은 사람들이 '하나님나라'라고 하면 죽어 이 세상을 떠나야 들어갈 수 있는 '내세의 나라'라고만 생각합니다. 그러나 천국은 현세와 내세를 다 포괄하는 우주적이고 보편적인 나라이며 영원한 나라입니다.

그러나 여기서 '은혜로운 통치'라고 한정하는 것은 공간적으로나 시간적으로 하나님의 통치가 미치지 않은 영역이 없기 때문입니다. 지옥까지도 하나님의 통치 아래 있습니다. 따라서 하나님나라는 "하나님의 복되고 은혜로운 다스림"이 있는 영역이고, 지옥은 "하나님의 진노와 심판의 다스림"이 있는 영역이라고 구별하는 것입니다.

3.
그 어디나 하나님나라 – 보편성

나라가 나라로 성립되려면 반드시 있어야 할 세 가지 요소가 있는데, 그것은 주권과 백성과 영토입니다. 하나님나라에서는 이세 가지 요소 중에 특히 하나님의 주권과 그의 다스리심을 받는 백성이 강조됩니다.

하나님나라에서 우리가 첫 번째로 생각해야 할 것은 하나님의 주권입니다. 민주주의 국가에서는 주권이 국민에게 있습니다. 우리나라 헌법에도 "대한민국의 주권은 국민에게 있고, 모든 권력은 국민으로부터 나온다"고 명시하고 있습니다. 그런데 하나님나라는 세상나라와 다릅니다. 하나님나라는 그 주권이 하나님께 있고 모든 권력은 하나님께로부터 나옵니다. 그러므로 하나님나라는 하나님의 주권이 임하고 그의 통치가 실현되는 영역이라고 정의하는 것입니다. 모든 피조물들이 하나님의 권세에 복종하고 그의 통치를 받아들여 그의 뜻이 온전히 이루어질 때 거기에 하나님나라가 임합니다.

주기도문에 보면 "나라가 임하시오며 뜻이 하늘에서 이루어진 것같이 땅에서도 이루어지이다"라고 했는데, 이것은 두 가지 기도제목이 아니라 하나의 제목입니다. 즉 하나님나라가 임한다는 것은 하나님의 뜻이 하늘에서 이루어진 것처럼 이 세상에서도 이루어지는 것을 말합니다. 따라서 하나님나라는 장소성을 가지고 있지만 어느 한 곳에 고정되어 있거나 제한되어 있는 나라가 아닙니다.

> "바리새인들이 하나님의 나라가 어느 때에 임하나이까 묻거늘 예수께서 대답하여 이르시되 하나님의 나라는 볼 수 있게 임하는 것이 아니요 또 여기 있다 저기 있다고도 못하리니 하나님의 나라는 너희 안에 있느니라"_눅 17:20-21

이 말씀에서 예수님은 하나님나라의 보편성을 드러내고 있습니다. 여기서 "안"이란 "안에"within와 "가운데"among로 다 번역할 수 있습니다. 곧 주께서 임재하시는 곳이 하나님나라인 것입니다.

이런 면에서 우리가 하나님나라를 구한다는 것은 하나님의 통치와 그의 영광과 축복이 자신과 온 세계 위에 나타나고 임하기를 구하는 것입니다. 다윗은, "하나님이여 주는 하늘 위에 높이 들리시며 주의 영광이 온 세계 위에 높아지기를 원하나이다" 시 57:11라고 기도하였습니다.

4.
영적이고 도덕적인 하나님나라

하나님나라는 영적이고 도덕적입니다. 하나님나라에 대한 유대인들의 치명적인 오해가 있었는데 그것은 하나님나라를 민족주의적으로 생각했고, 또 세속적인 국가와 동일시했다는 것입니다. 하나님나라란 말은 예수님이 처음 사용하신 말이 아닙니다. 이것은 아브라함과 다윗에게 주신 언약이고 창 12:2-3, 히 11:10 이하, 대상 17:11-14, 하나님을 믿는 자들에게 주신 계시요 비전입니다. 시 145:13, 히 11:13-16. 선지자들은 장차 메시아가 오실 것이고 그가 영원히 흔들리지 않는 나라를 세울 것이라고 예언하였습니다. 사 9:10, 단 2:44 그러므로 메시아로 말미암아 세워질 하나님나라는 이스라엘의 소망이었습니다.

그런데 예수님 당시 이스라엘은 로마제국의 식민통치를 받고 있었기 때문에 자기들을 지배하고 있는 로마제국으로부터 하루라도 빨리 벗어나는 것이 그들의 민족적인 염원이었습니다. 그러다보니 그들이 바라는 하나님나라는 메시아가 오셔서 예루살렘을 수도로 삼고 세우실, 로마제국을 압도하는 세계 최대 최강의 왕국이었습니다.

그러나 예수님이 말씀하신 하나님나라는 이들의 생각과는 완전히 달랐습니다. 하나님나라는 먼저 사람들의 마음에 임하는 나라입니다. 유대인들의 원수는 당시 예루살렘 거리를 활보하던 로마군대가 아니라 그들의 마음을 차지하고 있던 죄악이었습니다. 사탄은 죄를 통해 사람을 지배하고 다스립니다.

예수님은 이방나라의 권세를 물리치시기 위해 오신 메시아가 아니라 "자기 백성을 저희 죄에서 구원할 자"로 오신 분이십니다. 사탄의 권세를 멸하시고, 죄와 사망의 권세 아래 있는 자들을 해방시켜 하나님의 백성으로 삼으시기 위해 오신 분입니다.

그리고 또한 유대인들이 생각하는 하나님나라는 물질적으로 부요하고 풍성한 나라였습니다. 그들은 가난에서 해방시켜 줄 메시아를 고대하고 있었습니다. 그래서 예수님께서 오병이어로 오천 명을 먹였을 때 군중들은 그를 왕으로 삼으려고 열심히 쫓아다녔습니다. 그리고 예수님은 공적인 사역을 시작하시면서 40일 동안 금식하셨는데, 그가 굶주려 있을 때 마귀가 찾아와서 돌로 떡을 만들어 먹으라고 하며 떡 문제로부터 구원사역을 시작하라고 유혹하였습니다.

예수님이 이를 단호히 물리치신 것은 "하나님나라는 먹고 마시는 것이 아니요 오직 성령 안에서 의와 평강과 희락"롬 14:17 이기 때문입니다. 하나님나라는 복음과 성령으로 의로움과 성결함을 얻고 그 가운데서 참된 평강과 기쁨을 누리는 영적이고 도덕적인 나라입니다. 예수님은 "그러므로 염려하여 이르기를 무엇을 먹을까 무엇을 마실까 무엇을 입을까 하지 말라"마 6:31고 하시고 "너희는 먼저 그의 나라와 그의 의를 구하라"33절고 하셨습니다.

우리나라 초대 기독교 역사는 이 말씀의 증거입니다. 대한민국이 여러 면에서 세계 일류국가가 된 것은 복음이 그 바탕과 동력이 되었기 때문입니다. 경제문제도 먼저 사람들의 사상과 사고방식이 바뀌어야 해결됩니다. 적극적이고 긍정적인 사고는 신앙 가운데서 이루어집니다.

"사람이 떡으로만 살 것이 아니요 하나님의 입으로부터 나오는 모든 말씀으로 살 것이라"마 4:4

요약하면 세상나라에서는 권력과 경제가 가장 중요하지만 하나님나라에서는 하나님과의 관계와 도덕적인 삶이 가장 중요합니다.

| 복습 |

1. 하나님나라가 무엇인지 한 마디로 정의해 보십시오. 반대로 지옥이란 어떤 곳입니까?

2. 국가를 이루는 세 가지 요소는 주권과 백성과 영토입니다. 하나님나라에서는 이 세 가지 중에 무엇이 가장 강조되고 있습니까?

3. 세상나라와 하나님나라의 다른 점은 무엇인지 말해보십시오.

제3장

하나님나라의
주와 통치이념

1.
하나님나라의 주

우리가 하나님나라에 대하여 분명하게 알아야 할 가장 중요한 사실은 하나님나라의 임금이 그리스도라는 사실입니다. 하나님 나라는 그리스도께서 왕으로 계신 나라입니다. 하나님께서 그의 나라를 독생하신 아들 그리스도에게 주셨습니다. 곧 하나님나라 의 주권을 그의 아들에게 주셨다는 것입니다.

하나님께서는 그리스도를 그의 우편에 앉히셨다고 했습니 다. 우편에 앉히셨다는 것은 그의 아들에게 모든 통치권을 맡기 셨다는 것을 뜻합니다. 바울 사도는 "하나님이 그를 지극히 높 여 모든 이름 위에 뛰어난 이름을 주사 하늘에 있는 자들과 땅에 있는 자들과 땅 아래 있는 자들로 모든 무릎을 예수의 이름에 꿇 게 하시고 모든 입으로 예수 그리스도를 주라 시인하여 하나님

아버지께 영광을 돌리게 하셨느니라"빌 2:9-11고 말씀했습니다.

예수님께서도 "…인자가 권능자의 우편에 앉은 것과 하늘 구름을 타고 오는 것을 너희가 보리라"막 14:62하셨고, 마 28:18 에서는 "하늘과 땅의 모든 권세를 내게 주셨다"고 말씀하셨습니다. 그러므로 하나님나라는 그리스도를 주로 믿고 영접할 때 임하고, 그들은 그의 나라의 백성이 됩니다. 그리스도로 말미암지 않고는 그 누구도 하나님나라에 들어갈 수가 없습니다.

> "예수께서 이르시되 내가 곧 길이요 진리요 생명이니 나로 말미암지 않고는 아버지께로 올 자가 없느니라"_요 14:6

> "아들이 있는 자에게는 생명이 있고 하나님의 아들이 없는 자에게는 생명이 없느니라"_요일 5:12

그러므로 하나님나라를 구한다는 것은 그리스도를 찾고 구하는 것입니다. 그리스도의 주권을 인정하고 그에게 순종하며 사는 것이 하나님나라에 들어가는 것이고, 그렇게 함으로써 하나님나라의 은혜와 축복을 받아 누리게 됩니다.

기복신앙은 주님에 대한 경외심보다 그가 주실 축복에 더 관심이 많습니다. 그러나 올바른 신앙은 주님과의 관계를 중시하며 주님의 말씀에 더 주목합니다.

우리는 성경에서 중요한 교훈 하나를 찾아볼 수 있는데, 그것은 권위자를 존중하고 순종하면 은혜와 복을 받지만, 권위자를 무시하면 그것은 자기를 파괴하는 결과를 가져온다는 것입니다. 부모를 무시하고 거역하는 자는 결코 좋은 사람이 될 수 없고 하는 일들이 잘 될 수 없습니다. 선생님을 무시하거나 불순종하는 학생은 좋은 학생이 될 수 없고 지혜와 지식을 얻을 수 없습니다. 그런데 권위자 중의 권위자이신 그리스도를 무시하고 불순종하면 어떻게 되겠습니까?

그러나 그리스도의 주 되심the Lordship에 대한 우리의 신앙고백이 그리스도가 주님이시라는 것을 알고 인정하는 정도의 수준을 벗어나지 못하고 있는 경우가 많습니다. 입술로는 주로 고백하지만 실제 삶 속에서는 고백되지 않는 것입니다. 예수님께서는 당시 유대교 지도자들의 허구에 찬 이런 신앙고백을 보시며 크게 탄식하셨습니다. 이 점에서 우리도 우리의 가장 근본적인 이 신앙고백을 확인해보아야 하겠습니다.

필자는 목회초기에 이 문제로 아주 처절할 정도로까지 씨름했던 적이 있습니다. 개인적으로나 교회적으로, 그리고 일상의 삶 가운데서 "그리스도가 나의 주 나의 하나님이십니다"라며 진실하게 고백하고 산다는 것이 얼마나 어려운가를 온몸으로 경험하였습니다. 하나님의 뜻과 현실 가운데서 몸부림치고 있을 때 하나님께서는 로마서 12:1,2 말씀과 요한복음 8:29의 말씀을 생생하게 다시 들려주셨습니다. 이 말씀들이 나의 삶의 목표가 되고 삶과 사역의 힘이 되었습니다.

> "그러므로 형제들아 내가 하나님의 모든 자비하심으로 너희를 권하노니 너희 몸을 하나님이 기뻐하시는 거룩한 산 제물로 드리라 이는 너희가 드릴 영적 예배니라 너희는 이 세대를 본받지 말고 오직 마음을 새롭게 함으로 변화를 받아 하나님의 선하시고 기뻐하시고 온전하신 뜻이 무엇인지 분별하도록 하라"_**롬 12:1,2**

> "나를 보내신 이가 나와 함께 하시도다 내가 항상 그의 기뻐하시는 일을 행함으로 나를 혼자 두지 아니하셨느니라"_**요 8:29**

하나님나라는 하나님의 주권을 인정하고 그의 뜻에 순종하는 백성으로 이루어집니다.

2.
통치이념

통치이념이란 통치자나 어떤 통치체제가 가장 중요하게 여기고 그것을 통치의 원리와 목적으로 삼고 있는 생각이나 사상을 말합니다. 한 나라의 성격은 바로 그 나라가 가진 통치이념에 의해 결정됩니다. 자유민주주의 국가의 특성은 무엇일까요? 에이브러함 링컨이 아주 간단히 핵심을 찔러 말했습니다. "국민의, 국민에 의한, 국민을 위한" 나라가 바로 민주국가입니다.

하나님나라의 통치이념은 무엇일까요? 하나님나라의 왕이신 그리스도께서는 무엇을 근본으로 삼고, 어떤 것들을 원리로 삼아 그의 나라를 다스리실까요?

　　하나님나라의 통치이념은 공의와 사랑입니다. 의와 사랑으로 다스리는 나라가 하나님나라요, 어디서든지 의와 사랑이 나타나고 의와 사랑이 온전케 될 때 그곳에 하나님나라가 임하는 것입니다.

> "공의와 정의가 주의 보좌의 기초라 인자함과 진실함이 주 앞에 있나이다"_시 89:14

> "진실로 그의 구원이 그를 경외하는 자에게 가까우니 영광 이 우리 땅에 머무르리이다 인애와 진리가 같이 만나고 의 와 화평이 서로 입 맞추었으며 진리는 땅에서 솟아나고 의 는 하늘에서 굽어보도다"_시 85:9-11

이 말씀은 만왕의 왕이신 그리스도가 이 땅에 오실 것이고, 그에게서 인자와 진리가 만나고 의와 화평이 입 맞출 것이란 말 씀입니다. 곧 그리스도의 십자가로 성취될 하나님의 구원을 예 언하는 말씀입니다. 십자가는 하나님의 의와 사랑을 동시에 성 취시킨 신비롭고 오묘한 그리스도의 사역입니다. 그리스도는 십 자가로 하나님나라를 세우셨습니다.

의와 사랑은 성경이 가장 강조하고 있는 주제입니다. 그럴 수밖에 없는 것은 이것이 하나님의 대표적인 속성이기 때문입 니다. 하나님은 의의 하나님이시고 사랑의 하나님이십니다. 하 나님께서는 사람을 만드실 때도 당신의 형상대로 창조하셨는데,

그 형상의 중요한 내용이 바로 의와 사랑입니다.

> "사람아 주께서 선한 것이 무엇임을 네게 보이셨나니 여호
> 와께서 네게 구하시는 것은 오직 정의를 행하며 인자를 사
> 랑하며 겸손하게 네 하나님과 함께 행하는 것이 아니냐"_미
> **6:8**

그래서 의와 사랑은 우리 양심의 저울입니다. 사람은 의
롭게 살아야 떳떳하고, 사랑으로 살아야 행복합니다. 그런데 사
람들이 이것들을 잃어버렸습니다. 부패하여 순수함을 잃어버
렸고 왜곡되었습니다. 고장 난 저울처럼 된 것입니다. 그래서
사람들은 혼란 속에 빠졌고 온갖 비참과 고통이 인간에게 들어
왔습니다.

(1) 의 righteousness

성경에는 의 혹은 공의란 말이 수없이 나옵니다. 의에는 크게 세
가지 내용이 있습니다. 첫째는 법적인 내용입니다. 이 말이 주로
법정에서 사용되었는데, 판사가 사람들의 시비를 가려 줄 때나
혹은 혐의를 받은 사람의 죄를 찾지 못했을 때 사용되었습니다.

"사람들 사이에 시비가 생겨 재판을 청하면 재판장은 그들을 재판하여 의인은 의롭다 하고 악인은 정죄할 것이며"_신 25:1

둘째는 윤리적인 내용입니다. 도덕적으로 정직함과 진실함을 표현할 때도 이 말이 사용되었습니다.

"너희는 유혹의 욕심을 따라 썩어져 가는 구습을 따르는 옛 사람을 벗어 버리고 오직 너희의 심령이 새롭게 되어 하나님을 따라 의와 진리의 거룩함으로 지으심을 받은 새 사람을 입으라"_엡 4:22-24

"빛의 열매는 모든 착함과 의로움과 진실함에 있느니라"_엡 5:9

셋째는 종교적인 의미를 가지고 있습니다. 구약에서는 하나님을 믿고 공경하며 그의 계명을 지키는 자들을 가리켜 의롭다고 하였습니다. 즉 경건한 신앙인들을 가리켜 의인이라 하였습니다. 노아와 아브라함을 의인이라 불렀으며, 아브라함이 소돔 고모라를 위해 기도할 때 "의인 10명만 있어도"라는 말을 했는데 여기서도 의인은 '하나님을 공경하는 사람'을 가리키는 말로 사용되었습니다. 특히 신약성경에서는 이 말에 더욱 강한 신앙적인 내용이 담겨있습니다. 이는 예수 그리스도의 속량사역으로 이루어진 의요, 그리스도를 믿음으로 죄 없다함을 받아 얻게 되는 의입니다.

"그리스도 예수 안에 있는 속량으로 말미암아 하나님의 은혜로 값없이 의롭다 하심을 얻은 자 되었느니라"_**롬 3:24**

"곧 예수 그리스도를 믿음으로 말미암아 모든 믿는 자에게 미치는 하나님의 의니 차별이 없느니라"_**롬 3:22**

하나님은 우리의 죄를 도말하시고 우리를 의롭게 하시기 위해 그의 아들 그리스도를 세상에 보내셨습니다. 예수님은 속죄제물인 어린양으로 오셔서 범죄한 우리가 받아야 할 죽음의 형벌을 대신 받으셨습니다. 우리가 예수 그리스도의 이 대속을 믿을 때 의롭다함을 받습니다. 이것이 바로 하나님의 의요, 하나님께서 은혜로 주신 의입니다.

그래서 하나님나라를 구하라는 것은, 하나님과 이웃과의 관계에서 그리고 우리의 삶의 모든 영역에서 의를 찾아 세우라는 말씀입니다. 우리는 우리의 삶의 모든 영역에서 의가 실현되도록 의로운 삶을 추구하고 노력해야 합니다. 범사에 진실하고 정의로운 삶을 추구해야 합니다. 그리고 이것이 단순히 개인적이고 심리적인 차원에만 머무는 것이 아니라 공적인 영역에서 정의를 세우는 일에도 열심과 책임을 다해야 합니다.

일반적으로 보수적인 교회나 신자들 중에는 착한 사람들이 많지만 사회적이고 공적인 책임이라는 차원에서 의를 세우는 일에 별 관심이 없는 경우가 많습니다. 우리는 우리의 의로운 삶의 영역을 넓혀서 사회정의와 정치적인 의를 이루는 일에도 책임의식을 가지고 계속 노력해야 합니다.

이런 면에서는 진보적인 교회들이 강합니다. 이들 중에는 다수의 힘으로 혹은 권력과 돈의 힘으로 불의를 행하는 자들에게 저항하며, 사회적으로나 정치적으로 약한 사람들 편에 서서 사회정의 곧 사회적 평등을 이루어보려고 헌신하는 사람들이 많습니다. 그런데 이 일은 기독인이면 누구나 관심을 가지고 적극적으로 노력해야 합니다.

그런데 우리가 무엇보다도 먼저 구할 것은 그리스도의 십자가 대속(代贖)을 믿는 믿음으로 얻는 의입니다. 그리스도를 믿음으로 얻게 되는 의를 갖지 못한다면 법적, 도덕적 의란 뿌리 없는 나무와 같아서 곧 시들고 맙니다.

(2) 사랑(Agape)

하나님나라의 이념의 다른 하나는 사랑입니다. 의와 사랑은 공존합니다. 의가 없는 사랑은 사랑이 아니라 불륜일 뿐이며, 사랑이 없는 의는 생명을 얻게 하지도 못하고 풍성케 할 수도 없습니다. 하나님나라는 사랑의 나라입니다. 사랑은 하나님나라의 통치이념인 동시에 통치목표이기도 합니다. 사랑은 우리가 인생을 살아가는 방법이고 목적입니다. 사랑을 이룰 때 인생은 온전함에 이르고 생명의 풍성함을 누리게 됩니다.

율법과 선지자의 강령은 하나님 사랑과 이웃 사랑입니다. 강령이란 그물을 잡아당기는 밧줄을 일컫는 말입니다. 아무리 넓게 친 그물도 이 밧줄을 잡아당기면 다 딸려옵니다. 계명과 율례와 법도가 많지만 사랑을 이루면 이 모든 것을 다 성취할 수 있다는 말씀입니다. 롬 3:10b, 갈 5:14 참된 사랑에는 세 가지 특성이 있습니다.

첫째는 조건 없는 희생적인 사랑입니다. 그리스도께서 그의 십자가를 통하여 보여주신 아가페입니다.

둘째는 보편적인 사랑입니다. 좋아하는 사람, 특별한 관계를 가진 사람들만 사랑하는 것이 아니라 어떤 사람도 차별하지 않고 그들의 인격을 존중하고 사랑하는 것입니다. "너희가 만일 사랑하는 자만을 사랑하면 칭찬 받을 것이 무엇이냐 죄인들도 사랑하는 자는 사랑하느니라" 눅 6:32 예수님의 말씀입니다.

이런 보편적인 사랑의 근거는 하나님의 창조와 그리스도의 속량입니다. 사람은 누구나 하나님께서 그의 형상대로 창조하신 거룩한 존재입니다. 비록 타락하여 죄인이 되었으나 하나님께서는 저들을 긍휼히 여기시고 그의 독생하신 아들 그리스도를 보내셔서 그들의 죄를 대속케 하셨습니다. 그러므로 우리는 모든 사람을 창조와 대속의 관점에서 보아야 합니다.

셋째는 구체적인 사랑입니다. 마음의 동정심으로 끝나거나 말과 입으로만 하는 사랑이 아니라 가진 것을 나누고, 도움이 필요한 사람들과 함께 있어주는 것이 참 사랑입니다. 돈으로, 혹은 물질로 도와주기는 쉬워도 함께 살아주기는 힘듭니다. 하나님의 사랑이 크고 무한한 것은 그가 임마누엘로 오셔서 우리의 비참과 고통을 체휼하셨기 때문입니다. 우리 같이 악하고 더럽고 수준 낮은 사람들에게 오셔서 우리와 함께해 주셨습니다. 교회는 지역사회 가운데 있습니다. 그리스도께서 임마누엘로 세상에 오셨듯이 교회도 지역사회와 함께하면서 이웃과 사랑을 나누며 건강한 사회를 이루는 일에 노력해야 하겠습니다.

사랑에 대한 성경의 가르침은 끝이 없습니다. 사랑이 무엇인지? 사랑은 어떻게 하는 것인지? 하나님이 우리를 얼마나 사랑하시는지? 그 사랑이 우리에게 어떻게 나타났는지? 이런 질문들에 대하여 항상 살펴보아야 하겠습니다. 나아가 여기서도 하나님나라를 구하라는 말씀은 사랑을 찾아 구하라는 말씀입니다.

사랑받기를 구하는 것이 아니라 사랑하기를 구하는 것입니다. 우리 생활의 모든 영역에서 사랑을 실천하는 일에 헌신해야 합니다. 서로 사랑하며 사는 것입니다.

> "사랑하는 자들아 우리가 서로 사랑하자 사랑은 하나님께 속한 것이니 사랑하는 자마다 하나님으로부터 나서 하나님을 알고 사랑하지 아니하는 자는 하나님을 알지 못하나니 이는 하나님은 사랑이심이라"_요일 4:7,8

> "선을 행하고 선한 사업을 많이 하고 나누어주기를 좋아하며 너그러운 자가 되게 하라"_딤전 6:18

따라서 하나님나라의 통치는 세상나라의 다스림과 다릅니다. 세상나라는 자기의 지혜를 자랑하고 부함을 자랑합니다. 이것들로 행세하며 군림합니다. 그러나 하나님나라는 믿음을 자랑하고 사랑과 공의를 자랑합니다.

> "공의와 인자를 따라 구하는 자는 생명과 번영과 영광을 얻느니라"_잠 21:21

> "여호와께서 이와 같이 말씀하시되 지혜로운 자는 그의 지

혜를 자랑하지 말라 용사는 그의 용맹을 자랑하지 말라 부자는 그의 부함을 자랑하지 말라 자랑하는 자는 이것으로 자랑할지니 곧 명철하여 나를 아는 것과 나 여호와는 사랑과 정의와 공의를 땅에 행하는 자인 줄 깨닫는 것이라 나는 이 일을 기뻐하노라 여호와의 말씀이니라"_렘 9:23,24

그리고 하나님나라의 다스림은 군림하고 지배하는 것이 아니라 희생하고 섬기는 통치입니다. 예수님은 희생과 섬김을 통하여 이 세상에 참된 의와 사랑을 가져오셨습니다. 예수님은 그의 죽음을 통하여 우리를 의롭게 하시고, 하나님과의 관계를 회복시켜 하나님의 사랑받는 사람들이 되게 해주셨습니다. 우리도 섬김을 통하여 그리스도의 참 제자가 되고, 나아가 하나님나라를 세우는 일꾼이 됩니다. 섬기는 자가 복 된 자입니다. 섬기는 자가 위대합니다. 사랑이 있는 곳에 하나님나라가 있고, 증오가 있는 곳에 지옥이 있습니다.

| 복습 |

1. 당신은 그리스도가 하나님나라의 주이시며 또한 당신의 주이신 것을 믿습니까? 그 믿음이 삶의 현장에서 어떻게 나타나고 있습니까? "생활신앙"이란 말을 다시 한번 묵상해보십시오.

_____

_____

2. 하나님나라의 통치이념은 의와 사랑입니다. 의란 어떤 것인지 세 가지로 말씀해 보십시오.

_____

_____

3. 사랑에는 세 가지 중요한 내용들이 있습니다. 이 세 가지를 말씀해보십시오.

_____

_____

제4장

오늘에 임하는
하나님나라

▸우리 대부분은 예수 믿고 구원을 받아 하나님나라의 백성이 되었고 죽으면 천국에 간다고 생각합니다. 그런데 천국 갈 때까지의 삶에 대해서는 매우 세속적이고 현실주의적입니다. 왜냐하면 하나님나라는 인류 역사의 종말 후에나 임하는 것으로 생각하기 때문입니다. 그러나 예수님은 죽어서 가는 천국을 말씀하셨지만 살아서 누리는 천국에 대해서도 자주 말씀하셨습니다. 하나님나라는 현재성과 미래성을 동시에 갖고 있습니다. 신학자들은 하나님나라가 "이미(already)" 임하였으나 "아직(not yet)" 임하지 아니하였다고 말합니다. 성경에는 하나님나라의 양면성을 보여주는 말씀이 많습니다.

1.
그리스도를 주로 믿고
순종함으로 들어가는 나라

예수님은 하나님나라의 현재성을 많이 강조하셨습니다. 그는 하나님나라가 가까웠다고 말씀하셨고, 또 하나님나라가 이미 임하였다고도 하셨습니다. "내가 하나님의 성령을 힘입어 귀신을 쫓아내는 것이면 하나님의 나라가 이미 너희에게 임하였느니라" 마 12:28 사탄의 권세가 꺾이고 하나님의 은혜로운 통치가 시작되었으므로 그것이 바로 하나님나라의 시작입니다.

그리고 앞에서 말한 대로 하나님나라는 그리스도를 왕으로 모시고 그에게 순종하는 백성으로 이루어집니다. 따라서 누구나 죄를 회개하고 그리스도를 믿어 죄 사함을 받고 하나님의 복된 다스림 안에 거하는 사람들은 이미 하나님나라에 들어온 사람들입니다. 성경은 예수 그리스도를 구주로 믿고 영접하여 구원받은 사람은 바로 하나님나라로 옮겨졌다고 말씀하고 있습니다. 하나님나라는 죽어서 들어가는 나라가 아니라 믿음으로 들어가는 나라입니다. 우리는 믿음 안에서 세상이 줄 수 없는 자유와 평안을 얻고 누립니다.

"그가 우리를 흑암의 권세에서 건져 내사 그의 사랑의 아들의 나라로 옮기셨으니"_골 1:13

하나님께서 공중의 권세 잡은 자 곧 사탄의 지배 아래 눌려 살고 있는 사람들을 해방하여 그리스도께서 다스리시는 사랑의 나라로 옮기셨다는 말씀입니다.

"평안을 너희에게 끼치노니 곧 나의 평안을 너희에게 주노라 내가 너희에게 주는 것은 세상이 주는 것과 같지 아니하니라…"_요 14:27

2.
죄를 용서받음으로 누리는 하나님나라

그리스도는 죄와 사망의 종이 된 우리를 속량하셔서 의롭다고 하시고 하나님의 자녀가 되게 해 주셨습니다. 죄의 권세, 어둠의 권세, 마귀의 권세 아래 있던 우리가 죄 사함받고 거듭나서 하나님의 자녀가 되었으니 이로써 하나님나라가 우리에게 임하게 된 것입니다. 그래서 우리는 미래에 들어가게 될 천국을 사모하며 살 뿐 아니라 지금 우리에게 임한 천국을 누리며 기쁨과 감사로 사는 것입니다. 이를 천국의 내면성이라 부르기도 합니다. 찬송가에는 우리가 현재 누리고 있는 하나님나라의 은혜와 평화를 노래하는 찬송들이 많습니다.

1. 내 영혼이 은총 입어 중한 죄 짐 벗고 보니
   슬픔 많은 이 세상도 천국으로 화하도다

2. 주의 얼굴 뵙기 전에 멀리 뵈던 하늘나라
   내 맘속에 이뤄지니 날로날로 가깝도다

3. 높은 산이 거친 들이 초막이나 궁궐이나
   내 주 예수 모신 곳이 그 어디나 하늘나라

[후렴] 할렐루야 찬양하세 내 모든 죄 사함 받고
       주 예수와 동행하니 그 어디나 하늘나라_438장

죄 사함은 하나님의 은혜 보좌로 들어가는 대문과 같습니다. 하나님의 용서가 있기에 우리에게 소망이 있고 하나님의 용서가 있기에 우리에게는 새해가 있고 새날이 있습니다.

3.
공의와 사랑을 실천함으로
실현되는 하나님나라

이미 살펴본 대로 의와 사랑은 하나님나라의 통치 이념입니다. 성도들이 주님과 함께 이 세상 속에서 주님 나라의 통치 이념을 따라 살고 그것을 실현할 때 거기가 바로 하나님나라입니다. 이 것은 우리 성도들에게 공적으로 주어진 사명이기도 합니다. 우리는 복음을 전파하여 하나님나라를 확장하는 사명을 가진 사람들입니다. 복음 전도로 사탄의 나라를 정복하고 그리스도를 주님으로 믿고 고백하게 하는 것이 우리가 받은 소명이요 반드시 수행해야 할 사명입니다. 그리고 성도들은 하나님나라의 은혜와 평화를 세상에 흘려보내는 축복의 통로입니다.

　　이미 언급한 대로 사회적인 약자들과 소외된 자들을 돌아보고, 그들의 편에 서서 사회정의를 세워가야 합니다. 의를 세우는 힘은 믿음과 사랑입니다. 그리스도를 주님으로 모시고 순종하는 믿음과 대계명을 실천하는 사랑으로 섬기며 사는 곳에 하나님나라가 임하게 되는 것입니다. 이 세상에는 불의와 부정과 불공평이 난무하고 있습니다. 따라서 정의와 평화와 사랑이 절실히 요구됩니다. 우리가 이 땅에 하나님나라가 임하도록 공의와 사랑을 실천하며 기도해야 하겠습니다.

| 복습 |

1. 하나님나라는 누가 들어갑니까?

_____

2. 하나님나라로 들어가는 대문이라고도 할 수 있는 은혜는 어떤 은혜
   입니까?

_____

3. 우리가 "새날" 혹은 "새해" 등의 말을 자주 하는데 "새로운"이란 말을
   사용할 수 있는 근거는 무엇일까요?

_____

3. 우리의 생활 가운데서 하나님나라는 어떻게 실현됩니까?

_____

4. 여러분은 인생에서 소비자로 사십니까? 아니면 생산자로 사십니까?

_____

5. 우리의 생활 가운데서 하나님나라는 어떻게 실현됩니까?

_____

제5장

교회와
하나님나라

▶ 하나님나라의 현재성과 미래성을 설명할 때 "하나님나라는 벌써 임하
였으나 아직 임하지 아니하였다"라고 말하는 것처럼 하나님나라와 교
회의 관계에 대해서도 비슷한 말을 할 수 있습니다. "교회는 하나님나
라이다. 그러나 교회는 아직 하나님나라가 아니다." 이 말 역시 모순된
말처럼 들릴지 모르나 이는 둘 다 맞는 말입니다. 하나님나라와 교회는
같은 속성을 가지고 있습니다. 그러나 교회는 하나님나라와 질적으로
다릅니다.

1.
교회는 하나님나라다

(1) 교회를 하나님나라라고 하는 것은 통치자가 같기 때문입니다

하나님나라의 임금이 누구입니까? 그리스도이십니다. 그리스도는 만왕의 왕이시고 만주의 주이십니다. 그러면 교회의 주는 누구입니까? 누가 교회의 머리이며 으뜸입니까? 역시 그리스도이십니다.

> "그의 능력이 그리스도 안에서 역사하사 죽은 자들 가운데서 다시 살리시고 하늘에서 자기의 오른편에 앉히사 모든 통치와 권세와 능력과 주권과 이 세상뿐 아니라 오는 세상에 일컫는 모든 이름 위에 뛰어나게 하시고 또 만물을 그의 발 아래에 복종하게 하시고 그를 만물 위에 교회의 머리로

삼으셨느니라 교회는 그의 몸이니 만물 안에서 만물을 충만
하게 하시는 이의 충만함이니라"_엡 1:20-23

(2) 교회의 회원과 하나님나라의 백성이 내적으로는 같기 때문입니다
교회를 가장 간단히 정의하면 "교회는 그리스도를 주님으로 믿
고 영접한 성도들의 공동체"입니다. 그리스도를 주님으로 믿고
모신다 함은 그리스도께서 모든 권세와 능력과 주권을 가지신
분이시라는 것을 믿고 왕으로 모시는 것을 말합니다.

교회는 바로 그리스도를 왕으로 모신 자들의 공동체이며,
그리스도의 다스리심에 순종하며, 그분의 은혜와 축복을 받고
누리는 자들입니다. 그러면 하나님나라의 백성은 누구입니까?
역시 그리스도를 왕으로 모시고 그에게 순종하며, 그가 주시는
은혜와 축복을 누리며 사는 자들입니다.

(3) 교회와 하나님나라는 그 추구하는 이념과 목적이 같습니다
하나님나라의 이념이 무엇이라고 했습니까? 하나님나라는 의와
사랑을 통치 원리로 삼고 있으며, 이를 이루는 것을 목표로 삼습
니다. 교회도 마찬가지입니다. 교회도 의와 사랑으로 다스림을
받는 곳이며, 이 공의와 사랑을 성취하는 것을 목표로 삼습니다.

이 외에도 성경에서 교회는 여러 가지 이름으로 불립니다. "하나님의 백성, 그리스도의 몸, 하나님의 집, 하나님의 군대, 성령의 전, 진리의 기둥과 터" 등입니다. 이와 같은 속성들로 보면 교회와 하나님나라는 같다고 할 수 있습니다.

2.
교회는 아직 하나님나라가 아니다

(1) 교회는 하나님나라로 가는 도상에 있어서 아직은 하나님나라라고 할 수 없습니다.

하나님나라를 건물로 비유한다면 교회는 공사 중인 건물이라고 할 수 있습니다. 그래서 교회는 모든 면에서 부족하고 연약합니다. 그리고 때로는 타락하여 하나님이 주신 영광과 하나님나라의 축복을 잃어버리기도 합니다. 그러므로 교회를 하나님나라라고 할 수 없습니다.

(2) 지상 교회에는 알곡이 아닌 가라지도 있고, 또 알곡이라 하더라도 아직은 완전히 성숙하지 못한 성도들도 있기 때문에 하나님나라와 동

일시할 수 없습니다

즉 교회에는 많은 사람이 속해 있지만 아직은 누가 진정한 그리스도의 몸 된 지체인지 명확하게 구별할 수가 없으므로 교회와 하나님나라를 등식으로 놓을 수 없고, 또 어떤 사람이 그리스도를 구주로 영접하여 진정한 성도가 되었다고 하더라도 아직은 미성숙하고 온전치 못한 사람들도 많으므로 교회를 하나님나라와 같다고 말할 수 없습니다.

(3) 교회는 하나님의 통치에 온전히 순종하지 못하고 있기 때문에 하나님나라라고 할 수 없습니다

하나님나라는 하나님의 뜻이 하늘에서 이루어지는 것처럼 땅에서도 이루어지는 나라입니다. 그러나 지상 교회에는 하나님을 배반하거나 하나님의 뜻을 무시하는 일들이 자주 일어납니다. 이스라엘 백성들이 하나님을 버리고 우상을 숭배하다가 그 나라가 망하였는데, 교회도 이런 경우가 있습니다. 교인들이 하나님보다 세상을 더 사랑하고, 돈을 더 좋아하고, 하나님의 뜻을 따르기보다 사람들이 원하는 것들을 좇아 행하며 우상숭배 하듯할 때가 많습니다. 그러므로 교회를 하나님나라와 동일시할 수 없습니다.

3.
교회는 하나님나라의 대리점이다

그러면 하나님나라와의 관계에서 교회는 무엇입니까? 교회는 세상에 세워진 하나님나라의 에이전트라고 할 수 있습니다. 하나님나라의 왕이신 그리스도로부터 사명을 받고 이를 수행하는 하나님나라의 대리점과 같습니다.

(1) 교회는 하나님나라의 복음을 전파하여 하나님나라를 확장하는 미션을 가진 성령공동체입니다
교회는 땅 끝까지 이르러 주의 증인이 되라는 대사명을 받은 선교공동체입니다.

"오직 성령이 너희에게 임하시면 너희가 권능을 받고 예루살렘과 온 유대와 사마리아와 땅 끝까지 이르러 내 증인이 되리라 하시니라"_행 1:8

하나님나라는 그리스도를 구주로 믿는 사람들로 이루어집니다. 구원받은 사람이 바로 하나님나라의 백성입니다. 그러므로 교회는 복음을 전하여 사람들이 회개하고 그리스도를 구주로 믿게 함으로써 하나님나라를 확장시킵니다. 복음 전도로 사탄의 나라를 정복하고 그리스도의 통치가 임하게 하는 사역이 교회가 받은 사명입니다.

그러나 오늘날 교회는 복음 전도의 역동성을 점점 잃어가고 있습니다. 전도가 사람 모으기 운동으로 변질되거나 심지어 불신자들에게는 교회의 무슨 판촉 행사로까지 비치고 있습니다.

(2) 교회는 하나님나라의 은혜와 복을 세상에 흘려보내는 축복의 통로입니다

엡 1:23에서 "교회는 그의 몸이니 만물 안에서 만물을 충만케 하시는 이의 충만함이니라"고 하였습니다. 이를 간단한 도표로 그리면 아래와 같습니다.

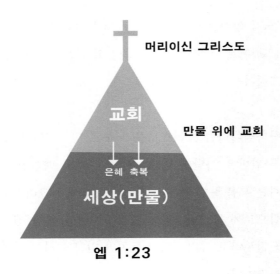

머리이신 그리스도

교회

만물 위에 교회

은혜 축복

세상(만물)

엡 1:23

교회는 교회 자체가 아닌 다른 사람들의 유익을 위해 존재하는 세상에서 유일한 공동체라고 할 수 있습니다. 교회는 예수 그리스도의 몸입니다. 그리스도께서는 사람들에게 생명을 풍성히 얻게 하시려고 세상에 오셨습니다. 그는 자기를 비어 종의 모습으로 오셔서 섬기는 자로 사셨습니다. 그리하여 모든 사람에게 하나님나라의 은혜와 평강을 가져다주셨습니다. 예수님이 세상에 오신 목적, 예수님의 사역이 바로 교회의 존재 목적이고, 교회가 해야 할 사역입니다. 예수님은 지금도 교회를 통하여 하나님나라의 은혜와 평강을 흘려보내셔서 만물을 충만케 하십니다.

(3) 교회는 하나님의 영광을 드러내는 공동체입니다

> "하나님이 그들로 하여금 이 비밀의 영광이 이방인 가운데
> 얼마나 풍성한지를 알게 하려 하심이라 이 비밀은 너희 안
> 에 계신 그리스도시니 곧 영광의 소망이니라"_골 1:27

하나님께서 교회를 통하여 복음과 복음으로 말미암는 하나
님나라의 영광이 풍성함을 열방 가운데 드러내기를 원하신다는
말씀입니다.

> "이는 우리가 그리스도 안에서 전부터 바라던 그의 영광의
> 찬송이 되게 하려 하심이라"_엡 1:12

하나님께서 그리스도 안에서 우리를 구원하시고, 구원받은
성도들을 곧 교회를 하나님의 영광 찬송이 되게 하신다는 말씀
입니다.

우리의 존재와 삶이 하나님께 영광이 되고 하나님의 영광
을 드러낼 수 있다면 그것이 우리 자신들에게 얼마나 큰 영광이
되겠습니까.

4.
교회와 관계에서
하나님나라를 구한다는 것은?

(1) 하나님나라를 구한다는 것은 복음 전도를 위해 헌신하는 것입니다

하나님나라는 바로 하나님의 다스리심을 받는 그의 백성들입니다. 하나님나라의 백성이 되는 것은 그리스도를 구주로 믿고 영접함으로 됩니다. 그러므로 전도해서 사람을 구원하는 것이 바로 하나님나라를 구하는 일입니다.

사람이 중요합니다. 사람이 하나님나라이고 그 기업입니다. 따라서 복음을 전해서 영혼을 구하는 것은 하나님나라에 가장 직접적으로 헌신하는 일입니다. 열심히 복음을 전하여 영혼을 구하고 저들을 그리스도의 제자로 양육하는 것입니다. 그리고 가정에서 자녀를 출산하여 하나님의 자녀로 양육하는 일은 더욱 귀하고 직접적인 일입니다.

오래전부터 전도가 교인 숫자 늘리기로 변질되어 왔습니다. 교회가 생명보다 수(數)에 더 관심이 많습니다. 이러다 보니 교인들이 전도를 나가면 일반인들은 회원가입 판촉이라도 하러 나온 것처럼 생각합니다. 어느 날엔가 나는 가까운 이웃에 사는 불신자로부터 "이렇게 해도 남는 게 있는 모양이지요?"라는 충격적인 말을 들었습니다. 교회들이 전도하면서 선물을 나누어주는 것을 보고 한 말이었습니다.

(2) 하나님나라를 구하는 것은 교회를 사랑하고, 교회가 건강하게 서도록 기도하며 봉사하는 것입니다

교회가 하나님나라를 대리하는 기관이며, 하나님나라를 보여주고, 하나님나라를 확장하라는 사명을 위임받은 기관이라면 교회는 하나님의 말씀과 하나님의 뜻을 받들고 순종함으로써 세상 사람들에게 하나님나라가 어떤 곳인가를 보여주는 모델이 되어야 합니다.

지금은 많은 교회가 세속주의와 인본주의에 빠져 있습니다. 세속주의와 인본주의 사상이 교회를 점령하고 누르고 있고, 많은 교인이 이것들에 굴복하거나 혹은 아부하고 있습니다. 그래서 오늘날은 교인들도 교회도 그 정체성을 잃어가고 있습니다. 성도가 성도다워야 하고, 교회는 교회다워야 합니다. 이를 회복하는 일에 항상 기도하고 노력해야 합니다.

교회가 교회다워지려면 교회를 이루고 있는 교인들의 정체성이 분명해야 합니다. 자신이 참 신자인지? 그리스도를 주님으로 믿고 영접하였는지? 그리스도를 주님으로 왕으로 받들고 그의 말씀에 순종하는 사람인지? 아니면 교회 다니는 사람에 불과한지 심각하게 자문해 보아야 합니다.

나아가 우리는 교회 안에서 하나님만이 영광 받으시고 그리스도만이 높임을 받도록, 하나님의 영광이 나타나고 그리스도의 주권이 확실히 서는 교회가 되도록 기도하기를 쉬지 말아야 합니다. 그리고 오늘날 교회의 심각한 문제 중 하나는 교회의 리더십입니다. 교회 안에서 그리스도의 주권을 훼손하는 직분자들이 많습니다. 교회의 리더십이 비뚤어지고 세속화되었습니다.

교회의 직분을 영광과 권세로 생각하고 아무런 희생도 헌신도 없으면서 직분만을 탐하는 교인들이 많습니다. 교회의 리더십은 그야말로 겸손과 섬김입니다. 예수님은 이것을 가르치시고 또 친히 본을 보여주셨습니다. 우리는 주님을 따라 힘써 섬기는 자가 되어야 하겠습니다.

| 복습 |

1. 어떤 면에서 교회는 하나님나라와 같습니까?

_____

_____

2. 어떤 면에서 교회는 하나님나라와 다릅니까?

_____

_____

3. 세상에서 교회의 위치와 사명은 무엇입니까?

_____

_____

4. 교회 리더십의 특징은 무엇입니까?

_____

_____

제6장

미래에 완성될
하나님나라

▶ 하나님나라는 현재적일 뿐 아니라 미래적입니다. 하나님나라는 예수님
께서 다시 오실 때 완성될 것입니다. 그리고 하나님나라는 성도들이 이
세상을 떠나 들어가서 하나님과 영원히 함께 살 나라입니다.

1.
하나님의 언약

신구약 성경에는 미래에 도래할 하나님나라에 대한 약속과 예언들이 많습니다. 하나님은 다윗에게 "네 집과 네 나라가 내 앞에서 영원히 보전되고 네 왕위가 영원히 견고하리라" **삼하 7:16** 고 언약하셨습니다. 이 언약은 당시 이스라엘 나라 다윗 왕조에만 해당하는 말씀이 아닙니다. 그 나라는 바벨론에 의해 멸망했습니다. 이 언약은 장차 다윗의 자손인 메시아[그리스도]가 오셔서 세우실 영원한 나라를 약속한 말씀입니다.

이사야 선지자는 메시아를 통하여 세워질 아름답고 평화로운 하나님나라를 예언하였습니다.

"그 때 이리가 어린 양과 함께 살며 표범이 어린 염소와 함

께 누우며 송아지와 어린 사자와 살진 짐승이 함께 있어 어
린 아이에게 끌리며 암소와 곰이 함께 먹으며 그것들의 새
끼가 함께 엎드리며 사자가 소처럼 풀을 먹을 것이며 젖 먹
는 아이가 독사의 구멍에서 장난하며 젖 뗀 어린 아이가 독
사의 굴에 손을 넣을 것이라 내 거룩한 산 모든 곳에서 해
됨도 없고 상함도 없을 것이니 이는 물이 바다를 덮음 같이
여호와를 아는 지식이 세상에 충만할 것임이니라 그 날에
이새의 뿌리에서 한 싹이 나서 만민의 기치로 설 것이요 열
방이 그에게로 돌아오리니 그가 거한 곳이 영화로우리라"_

사 11:6-9

그리고 하나님나라에 대해서는 예수님이 가장 많이 말씀하
셨습니다. 특히 요한계시록은 장차 임할 하나님나라에 대해 아
주 구체적으로 말씀하고 있습니다.

"또 내가 새 하늘과 새 땅을 보니 처음 하늘과 처음 땅이 없
어졌고 바다도 다시 있지 않더라 또 내가 보매 거룩한 성 새
예루살렘이 하나님께로부터 하늘에서 내려오니 그 준비한
것이 신부가 남편을 위하여 단장한 것 같더라 내가 들으니
보좌에서 큰 음성이 나서 이르되 보라 하나님의 장막이 사
람들과 함께 있으매 하나님이 그들과 함께 계시리니 그들은

하나님의 백성이 되고 하나님은 친히 그들과 함께 계셔서 모든 눈물을 그 눈에서 닦아 주시니 다시는 사망이 없고 애통하는 것이나 곡하는 것이나 아픈 것이 다시 있지 아니하리니 처음 것들이 다 지나갔음이러라"_계 21:1-4

이 말씀은 하나님나라가 완성되고 우리의 구원이 완전해진 그때의 상태를 보여주고 있습니다. 그리고 구원받은 성도들이 그 나라에서 누릴 영원한 안식과 은혜를 약속한 말씀입니다. 우리는 장차 임할 하나님나라를 사모하고 그 나라에 소망을 두며 살아갑니다.

2.
성도들이 돌아갈 영원한 본향

이 세상은 우리가 영주(永住)할 곳이 아닙니다. "우리가 여기에는 영구한 도성이 없으므로 장차 올 것을 찾나니" 히 13:14. 이 땅에서 우리의 일생이 끝나면 우리는 우리의 영원한 본향인 하나님나라에 들어갈 것입니다. 아브라함은 이런 소망을 가지고 살았습니다. 그는 하나님이 약속하신 땅 가나안에 살면서도, 그 땅은 영원한 하나님나라를 주시겠다는 언약의 보증물에 지나지 않는다는 것을 알고 있었습니다. 우리가 이 땅에서 누리는 복은 하나님나라에서 누릴 복과 비교할 수가 없습니다.

"믿음으로 그가 이방의 땅에 있는 것 같이 약속의 땅에 거류하여 동일한 약속을 유업으로 함께 받은 이삭 및 야곱과 더

불어 장막에 거하였으니 이는 그가 하나님이 계획하시고 지으실 터가 있는 성을 바랐음이라 … 이 사람들은 다 믿음을 따라 죽었으며 약속을 받지 못하였으되 그것들을 멀리서 보고 환영하며 또 땅에서는 외국인과 나그네임을 증언하였으니 그들이 이같이 말하는 것은 자기들이 본향 찾는 자임을 나타냄이라 그들이 나온 바 본향을 생각하였더라면 돌아갈 기회가 있었으려니와 그들이 이제는 더 나은 본향을 사모하니 곧 하늘에 있는 것이라 이러므로 하나님이 그들의 하나님이라 일컬음 받으심을 부끄러워하지 아니하시고 그들을 위하여 한 성을 예비하셨느니라"_히 11:9-10, 13-16

3.
하나님나라에서 시공간(時空間)

앞에서 하나님나라는 하나님의 은혜로운 통치가 이루어지는 영역이라고 했습니다. 그런데 이 영역은 실체가 없는 어떤 영적인 상태만을 말하는 것이 아닙니다. 하나님나라는 하나님의 보좌가 있는 곳이며, 구원받은 성도들이 들어가게 될 나라 곧 "새 하늘과 새 땅"입니다. 예수님은 자신이 십자가에 못 박혀 돌아가실 것이라는 사실을 제자들에게 몇 번 예고하셨는데, 이 말씀을 들은 제자들이 근심하고 두려워하는 것을 아시고 다음과 같이 말씀하셨습니다.

"너희는 마음에 근심하지 말라 하나님을 믿으니 또 나를 믿으라 내 아버지 집에 거할 곳이 많도다 그렇지 않으면 너희

에게 일렀으리라 내가 너희를 위하여 거처를 예비하러 가노
니 가서 너희를 위하여 거처를 예비하면 내가 다시 와서 너
희를 내게로 영접하여 나 있는 곳에 너희도 있게 하리라"_요
14:1-3

여기서 예수님은 천국을 "아버지 집" "처소"라고 표현하셨
고 "나 있는 곳에 너희도 있게 하리라"고 약속하셨습니다. 하나
님나라는 아름다운 어떤 영적인 상태가 아니라 구체적인 삶의
처소라고 말씀해 주신 것입니다.

그리고 요한계시록에서 천국에 대한 묘사에는 상징적인 내
용들이 많지만, 이 상징들은 하나님나라의 장소성을 시사해 줍
니다. 요한계시록 4장에서는 하나님의 보좌와 그 주위의 네 생
물들과 24장로들, 그 보좌를 둘러싼 천군천사들과 "나라와 족
속과 백성과 방언에서 셀 수 없이 나온 큰 무리가"계 7:9 있음을
보여줍니다. 21장에서는 "새 하늘과 새 땅" 그리고 "새 예루살
렘"에 대해 말씀하고 있습니다. 이어 성의 규모16절와 열두 성문
들과 그 모양들에 대한 말씀이 있는데 이 말씀도 역시 천국은 구
체적인 장소임을 시사해 주고 있습니다.

22장에는 하나님과 어린양의 보좌로부터 시작되는 "수정
같이 맑은 생명수 강"이 있고, 그 좌우에는 생명나무가 있어서
열두 가지 열매를 달마다 맺는다고 하였는데, 창세기의 에덴동

산 창 2:8,9을 생각나게 합니다. 그래서 신학자 중에는 "새 하늘과 새 땅"은 우리가 살고 있는 이 세상이 창조 때의 세상으로 회복되는 것을 말한다고 주장하기도 합니다. "내가 만물을 새롭게 하노라"계 21:5는 말씀은 재창조를 말하는 것이 아니라 갱신을 의미한다는 것입니다.

하나님나라가 물리적인 공간을 가진 나라라면 – 공간에 한정돼 있다는 말은 아닙니다 – 시간 역시 존재한다는 것도 자연스럽게 받아들일 수 있습니다. 영원한 세계에서 시간의 지속이나 시간을 어떤 단위로 구분할 수 있는 시간개념이 무슨 의미가 있겠느냐고 생각하는 사람들이 있지만, 영원무궁 세계에 들어간다고 해서 인간이 하나님이 되는 것은 아니라는 것을 기억할 필요가 있습니다. 천국에서도 사람은 역시 사람일 뿐 하나님과 같이 무한하거나 무소부재한 존재가 되는 것은 아닙니다.

그리고 하나님나라가 시공간을 가진 나라라고 하는 주장의 아주 중요한 근거가 또 하나 있는데 그것은 바로 몸의 부활입니다. 부활의 첫 열매이신 그리스도는 몸을 가지신 분이셨습니다. 부활하신 예수님은 제자들에게 나타나셔서 "내 손과 발을 보고 나인 줄 알라 또 나를 만져보라 영은 살과 뼈가 없으되 너희 보는 바와 같이 나는 있느니라"눅 24:39고 하셨고, 먹을 것을 가져오라고 하셔서 제자들 앞에서 잡수셨습니다 눅 24:41-43.

이렇게 우리가 믿는 부활은 몸을 가진 부활이기 때문에 몸을 가진 우리가 시공간 안에 거하게 되는 것은 당연한 일입니다. 물론 시공간의 개념이 태양계에 속해 있는 현재와는 분명히 다를 것입니다. 현세에서도 거듭난 사람들과 그렇지 못한 사람들의 시간개념은 완전히 다른 의미를 가집니다. 하나님의 진노 아래 있는 사람에게는 시간이 부정적이어서 시간의 지속이 허무와 무상함을 느끼게 만들지만 구속함을 받은 사람에게는 같은 시간이 우리를 날로 새롭게 하는 소망적인 것으로 나타납니다. 그런 의미에서 구속함을 받은 성도들에게 시간은 그 어디서나 하나님의 은혜의 채널입니다. 천국에서는 이 은혜가 강물처럼 흐를 것입니다.

> "또 그가 수정 같이 맑은 생명수의 강을 내게 보이니 하나님과 및 어린 양의 보좌로부터 나와서 길 가운데로 흐르더라 강 좌우에 생명나무가 있어 열두 가지 열매를 맺되 달마다 그 열매를 맺고 그 나무 잎사귀들은 만국을 치료하기 위하여 있더라"_**계 22:1,2**

우리는 오늘의 삶 가운데서 하나님나라의 복을 누리며 삽니다. 나아가 예수님께서는 우리에게 하나님나라를 구하라 하셨으므로 그 나라가 임하기를 기도하며 이 땅에 하나님나라를 세우는 일에 열심히 노력하며 헌신해야 하겠습니다. 동시에 우리는 장차 임할 천국을 믿고 소망하며 그 나라에 들어갈 준비를 잘 해야 하겠습니다.

그런데 우리가 미래에 들어갈 하나님나라는 어떤 곳일까요? 신자들 대부분은 현재 우리가 살고 있는 세상과는 완전히 다른 – 장소적인 의미에서 – 곳이라고 알고 있습니다. 한편에서는 회복된 세상으로 설명하는 학자들도 있습니다. 곧 이 세상이 창조된 때의 상태로 회복되고 새롭게 된 곳으로 모든 죄와 악이 거두어진 세상이라고 주장합니다.

| 복습 |

1. 우리의 영원한 본향은 어디입니까?

_____

_____

2. 하나님나라의 장소성과 아울러 시간이 있다고 성경에서 말하는 근거
   는 무엇입니까?

_____

_____

3. 하나님나라가 장소성을 갖는다는 것과 몸의 부활은 어떤 관계가 있
   을까요?

_____

_____

4. 천국은 새로 창조된 세상일까요? 이 세상의 회복일까요? 여러분의
   생각은 어떻습니까?

_____

_____

제7장

죽음과 부활

1.
죽음은 무엇인가?

성경에는 세 가지 종류의 죽음이 있음을 알려줍니다. 영적인 죽음, 육체적인 죽음, 그리고 둘째 사망입니다. 영적인 죽음은 하나님과의 관계가 끊어진 것을 말합니다. "허물과 죄로 죽었던 너희를 살리셨도다"엡 2:1 "죄의 삯은 사망이요"롬 6:23에서의 죽음이 바로 영적인 죽음입니다. 육체적 죽음은 영과 육이 분리되어 이 세상을 떠나는 것입니다. 우리가 일반적으로 알고 있는 죽음입니다. 그리고 "둘째 사망"계 20:14이라고 일컫는 죽음은 영원한 형벌 곧 지옥에 던져지는 것을 말합니다계 20:14.

위에서 알 수 있듯이 기독교가 말하는 죽음은 소멸(消滅)이 아니라 관계의 끊어짐입니다. 영적인 죽음은 죄로 인해 하나님과 관계가 끊어진 것이고, 육체적 죽음은 영과 육이 분리되는 것이며, "둘째 사망"은 하나님과 그의 은혜에서 완전히 끊어지는 것을 말합니다. 이것이 멸망(滅亡)이고 지옥입니다.

---

* 교회에서는 죽음을 가르쳐 소천(召天)이라고 하고 천주교에서는 선종(善終)이라고 합니다. 그리고
  불교에서는 입적(入寂) 혹은 입멸(入滅)이라 합니다.

2.

부활

기독교의 부활 신앙은 다른 종교들과 구별되는 큰 특징 중 하나입니다. 힌두교나 불교 등 다른 종교들에 영혼의 불멸이나 윤회설 같은 신앙들이 있지만 "육체의 부활"은 없습니다.

(1) 부활의 첫 열매이신 그리스도

부활은 예수 그리스도의 부활로 시작되었습니다. 성경은 이를 그리스도가 다시 살아나심으로 부활의 첫 열매 **고전 15:20**가 되었다고 말씀합니다. 첫 열매라 함은 앞으로 많은 열매가 있을 것을 예고하는 것이며, 믿는 자들의 부활에 대한 하나님의 언약이 확실한 증거입니다. 구약에서도 이사야 선지자는 하나님께서 장차 만민을 위한 생명의 잔치를 배설하실 것이고 사망을 멸하실 것이라고 예언하였습니다.

"만군의 여호와께서 이 산에서 만민을 위하여 기름진 것과 오래 저장하였던 포도주로 연회를 베푸시리니 곧 골수가 가득한 기름진 것과 오래 저장하였던 맑은 포도주로 하실 것이며 또 이 산에서 모든 민족의 그 가리워진 면박과 열방의 그 덮인 휘장을 제하시며 사망을 영원히 멸하실 것이라 주 여호와께서 모든 얼굴에서 눈물을 씻기시며 그 백성의 수치를 온 천하에서 제하시리라 여호와께서 이같이 말씀하셨느니라"_사 25:6-8

"주의 죽은 자들은 살아나고 우리의 시체들은 일어나리이다 티끌에 거하는 자들아 너희는 깨어 노래하라 주의 이슬은 빛난 이슬이니 땅이 죽은 자를 내어 놓으리로다"_사 26:19

그리스도의 부활은 기독교 신앙의 근본을 이루고 있습니다. 그리스도의 부활이 없었다면 기독교도 없었을 것입니다. 사도 바울은 고린도전서 15:17,19에서 "그리스도께서 다시 살아나신 일이 없으면 너희의 믿음도 헛되고 너희가 여전히 죄 가운데 있을 것이요… 만일 그리스도 안에서 우리가 바라는 것이 다만

이 세상의 삶뿐이면 모든 사람 가운데 우리가 더욱 불쌍한 자이리라"고 하였습니다. 베드로 사도는 그리스도의 부활이 성도들의 "산 소망"이 되었다고 하였습니다.

> "우리 주 예수 그리스도의 아버지 하나님을 찬송하리로다 그의 많으신 긍휼대로 예수 그리스도를 죽은 자 가운데서 부활하게 하심으로 말미암아 우리를 거듭나게 하사 산 소망이 있게 하시며 썩지 않고 더럽지 않고 쇠하지 아니하는 유업을 잇게 하시나니 곧 너희를 위하여 하늘에 간직하신 것이라"_벧전 1:3,4

복음의 요지는 "그리스도께서 죄인들을 구원하시려고 십자가에서 죽으시고, 사흘 만에 부활하셔서 부활의 첫 열매가 되셨다"라는 것입니다. 사도들의 목숨을 건 복음 전도는 바로 이 부활 신앙에서 비롯되었습니다. 그들은 십자가에 달려 죽는 예수님을 보고 혼이 나간 사람들처럼 되었으나 부활하신 그리스도를 목격한 후에는 완전히 달라졌습니다. 그들은 목숨을 걸고 그리스도의 부활을 증언하였는데 열두 사도들 거의 모두가 이 복음을 전하다가 순교하였습니다.

불신자들은 그리스도의 부활을 제자들이 지어낸 신화의 일종이라고 말합니다. 사실 예수님이 부활하신 직후 대제사장들과 서기관들은 경비병들에게 돈을 주고 "제자들이 시체를 훔쳐서 감춘 뒤 부활했다고 거짓말을 한다"는 소문을 내게 했습니다. 그러나 생각해 보십시오. 부활이 거짓이라는 사실을 알면서, 혹은 부활이 사실인지 아닌지 확신도 없으면서 어떻게 부활을 증언하기 위해 목숨을 걸 수 있겠습니까? 사도들의 순교는 예수님 부활의 가장 강력한 증언이요 증거입니다.

> "우리는 보고 들은 것을 말하지 아니할 수 없다 하니"_행 4:20

> "내가 달려갈 길과 주 예수께 받은 사명 곧 하나님의 은혜의 복음을 증언하는 일을 마치려 함에는 나의 생명조차 조금도 귀한 것으로 여기지 아니하노라"_행 20:24

(2) 성도의 부활

예수 그리스도의 죽음과 부활은 위대한 구원역사의 중심입니다. 그는 십자가에서 대속사역을 다 이루셨고, 부활하심으로 우리에게 새 생명을 가져다주셨습니다. 따라서 이미 언급한 대로 그리스도의 부활은 그를 믿는 자들의 부활의 첫 열매요 믿는 자들의 부활을 보증하는 언약입니다. 우리는 그리스도와 함께 죽고 함께 살아났습니다.

> "예수께서 이르시되 나는 부활이요 생명이니 나를 믿는 자
> 는 죽어도 살겠고 무릇 살아서 나를 믿는 자는 영원히 죽지
> 아니하리니 이것을 네가 믿느냐"_요 11:25,26

이 말씀은 죽고 사는 문제가 오직 그리스도에게 있다는 것
을 강조하고 있습니다. 믿는 자는 죽어도 살고 영원히 삽니다.

> "그러나 이제 그리스도께서 죽은 자 가운데서 다시 살아나
> 사 잠자는 자들의 첫 열매가 되셨도다 사망이 한 사람으로
> 말미암았으니 죽은 자의 부활도 한 사람으로 말미암는도다
> 아담 안에서 모든 사람이 죽은 것 같이 그리스도 안에서 모
> 든 사람이 삶을 얻으리라 그러나 각각 자기 차례대로 되리
> 니 먼저는 첫 열매인 그리스도요 다음에는 그가 강림하실
> 때에 그리스도에게 속한 자요 그 후에는 마지막이니 그가
> 모든 통치와 모든 권세와 능력을 멸하시고 나라를 아버지
> 하나님께 바칠 때라"_고전 15:20-24

> "주 예수를 다시 살리신 이가 예수와 함께 우리도 다시 살리
> 사 너희와 함께 그 앞에 서게 하실 줄을 아노라"_고후 4:14

3.
부활의 몸

우리가 믿는 부활은 영적일 뿐 아니라 육체적인 부활입니다. 부활의 첫 열매이신 예수님의 부활이 바로 그랬습니다. 첫 열매이신 그리스도의 부활을 뒤이은 우리의 부활도 동일할 것임을 보여줍니다.

(1) 부활하신 그리스도의 몸

부활하신 그리스도는 십자가에 못 박혀 고난당하시고 죽임 당하신 나사렛 예수셨습니다. 예수님은 부활하신 후 40일 동안 자신의 부활을 증거하시고 증언하셨습니다. 부활하신 예수님이 처음으로 제자들에게 나타나셨을 때 그들은 놀라고 두려워하며 보는 것을 영으로 생각했습니다. 그때 예수님은 "내 손과 발을 보고 나인 줄 알라 또 나를 만져보라 영은 살과 뼈가 없으되 너희 보는 바와 같이 나는 있느니라"눅 24:39고 말씀하시며 부활하신 몸을 직접 만져보라고까지 하셨습니다. 눅 24:36-43, 요 20:19-29 제자 도마의 의심은 부활하신 분이 그들이 지금까지 따르던 주님이셨던 사실을 다시 한번 확인케 해 주었습니다.

그러나 한편 부활하신 예수님의 몸은 죽으실 때의 몸과는 달랐습니다. 요한복음에 보면 제자들이 유대인들을 두려워하여 모인 곳의 문은 닫혔는데 예수님이 홀연히 나타나셨다고 하셨습니다. 부활하신 예수님의 몸은 시공간의 제약을 받지 않았던 것입니다. 그래서 부활하시기 전에는 예수님의 왕래가 "오셨다" "가셨다"로 서술되었지만, 부활하신 후에는 "나타나셨다"막 1:12,14 "보이지 아니하셨다"눅 24:31로 표현되었습니다.

이런 사실들을 보면 부활하신 예수님의 몸에는 전과 '같음'과 '다름'이 동시에 있었음을 알 수 있습니다. 그래서인지 복음서를 보면 부활하신 예수님을 잠시나마 알아보지 못했던 사람들도 있었습니다. 막 16:12, 눅 24:30-31, 요 20:14 이 같음과 다름을 신학적으로는 '연속성'과 '비연속성'이라고 합니다. 부활하신 예수님은 분명히 죽으시기 전의 몸을 가지고 계셨습니다. 그러나 한편으로는 전과 달랐습니다. 부활하신 예수님은 시공간에 제한되지 않는 신령한 몸을 가지셨음은 물론 더욱 영광스럽고 완전한 몸을 가지셨다는 것을 알 수 있습니다.

그리고 예수님은 부활하셨으나 그 몸에는 못 자국과 창 자국이 남아있었습니다. 이것이 더욱 완전하고 영광스러운 몸에 어울리지 않는 상처일까요? 아닙니다. 예수님의 사역에서 가장 중요한 사역은 십자가를 통하여 이루신 속량사역입니다. 이 상처들(이를 聖痕이라 한다)은 십자가의 죽음으로 그의 백성을 구원하셨다는 증거로 남겨진 것이며, 구원받은 성도들로 하여금 주님께 영원히 감사하며 찬양하게 만드는 영광스러운 상처입니다.

(2) 부활할 성도들의 몸

부활하신 예수님의 몸은 장차 부활할 성도들의 몸이 어떠할 것인가를 보여줍니다. 부활의 첫 열매이신 예수님을 따라 우리도 부활할 것이기 때문입니다. 그리고 바울 사도는 고전 15:35-49에서 부활할 성도들의 몸에 대해 좀 더 구체적으로 말씀하고 있습니다. 여기서도 성도들의 부활체는 같음과 다름이 공존한다는 것을 알 수 있습니다. 우리 각자는 각자의 개성과 특징을 가진 존재로 부활할 것입니다. 동시에 짐승이나 물고기의 몸과 사람의 몸이 다르듯이_39절 현세의 몸과 부활의 몸은 다를 것입니다. 이어 41-44절에서 이 둘을 대조시켜 설명하고 있습니다. "썩을 것과 썩지 아니할 것, 욕된 것과 영광스러운 것, 약한 것과 강한 것, 육의 몸과 신령한 몸, 흙에 속한 자의 형상과 하늘에 속한 이의 형상"입니다.

이러한 내용들을 볼 때, 부활체는 시공간에 제한을 받지 않는 신령한 몸일 뿐 아니라 누구나 바라보기에 가장 아름답고 영광스러운 몸일 것입니다. 하나님께서 만물과 사람을 창조하신 후 "보시기에 심히 좋았더라"고 하신 말씀처럼 말입니다.

| 복습 |

1. 성경이 말하는 세 가지 종류의 죽음은 무엇입니까?

_____

_____

_____

2. 구원역사에서 그리스도의 부활이 갖는 의의를 말해보십시오.

_____

_____

_____

3. 예수님의 부활에서 전과 후의 같음[연속성]과 다름[비연속성]의 예
   를 들어보십시오.

_____

_____

_____

제8장

그리스도의
재림과 종말

▶ 그리스도는 다시 오십니다. 그리고 최후의 심판이 있고, 믿는 자들의 구원이 완성되며, 인류사회는 종말을 고하고, "새 하늘과 새 땅"의 역사가 시작됩니다. 성경에는 그리스도의 탄생과 마찬가지로 그의 재림과 종말에 대한 예언의 말씀들이 많습니다.

> "그 때에 인자의 징조가 하늘에서 보이겠고 그 때에 모든 족속들이 통곡하며 그들이 인자가 구름을 타고 능력과 큰 영광으로 오는 것을 보리라"_마 24:30, *25:31

> "이것들을 증언하신 이가 이르시되 내가 진실로 속히 오리라 하시거늘 아멘 주 예수여 오시옵소서"_계22:20

> "올라가실 때에 제자들이 자세히 하늘을 쳐다보고 있는데 흰 옷 입은 두 사람이 그들 곁에 서서 이르되 갈릴리 사람들아 어찌하여 서서 하늘을 쳐다보느냐 너희 중에 올려지신 이 예수는 하늘로 가심을 본 그대로 오시리라 하였느니라"_행1:10,11

▶ 그리스도의 재림은 믿는 자들의 큰 소망입니다. 우리는 다시 오실 그리스도를 대망하며 삽니다. 자주 언급했거니와 이 소망이 미래에 한정되는 것이 아니라 오늘을 살아가는 성도들에게 동력이 되고, 고난 중에 있는 자들에게 큰 위로와 격려가 됩니다. 우리는 예수님이 오셔서 "잘 하였도다 착하고 충성된 종아"라고 칭찬하시고 상 주실 것을 소망하며 열심히 삽니다.

1.
종말의 의미

성경에서 종말이란 말은 상당히 넓은 의미로 사용되고 있습니다. 개인, 국가, 민족, 우주 전체와 어떤 한 시대의 종말까지 포함하는 말입니다. 그러나 이 말은 주로 하나님의 구원과 심판의 때와 관련하여 사용되고 있습니다. 종말은 "여호와의 날, 주의 날, 마지막 날, 그날" 등으로 불리는데, 구속사에서 "마지막 날"은 특히 그리스도의 탄생과 재림의 때 그리고 성령강림의 때^{행 2:17} 를 가리킬 때 사용하였고, 구원과 징벌과 심판의 날을 가리킬 때도 사용하고 있습니다. 좁은 의미로는 인류사회의 종말을 뜻하는데, 그리스도의 재림과 최후 심판의 날을 말합니다.

2.
그리스도 재림에 앞서 일어날 징조들

성경에는 말세에 일어날 징조들을 예언한 말씀이 많습니다. 모든 예언의 말씀이 그러하듯이 일차적으로는 당시 이를 직접 들은 사람들의 미래에 나타날 일들에 대한 말씀이지만 동시에 오늘을 살고 있는 우리에게도 주시는 말씀입니다. 특히 예수님은 종말에 나타날 징조들을 많이 말씀하셨습니다. 마가복음에 기록된 말씀을 간단히 간추리면 다음과 같습니다.

(1) 민족과 나라들이 서로 대적하는 전쟁들이 일어날 것이
다_**막 13:8**.

(2) 곳곳에 지진이 일어나고 기근이 있을 것이다_**막 13:8**.

(3) 핍박이 일어날 것이다_**막 13:9**.

(4) 복음이 만국에 전파될 것이다_**막 13:10**.

(5) 멸망의 가증한 것이 서지 못할 곳에 설 것이다_**막 13:14**.

(6) 큰 환난이 있을 것이다_**막 13:19, 20**.

(7) 자칭 그리스도라고 하는 자들과 거짓 선지자들이 많아
질 것이다_**막 13:22**.

(8) 하늘에 표적들이 나타날 것이다_**막 13:24-26**.

유대인들은 BC 170년경 안티오코스 에피파네스가 팔레스타인 지역을 다스릴 때 이런 일들을 처절하게 경험했던 적이 있고, AD 70년 로마가 예루살렘을 정복했을 때도 이런 일들이 일어났었습니다. 말세가 되면 이런 일들이 점점 더 심해질 것입니다.

그리고 예수님은 종말에 일어날 일들을 예고하시면서 다음과 같이 말씀하셨습니다. "무화과나무의 비유를 배우라 그 가지가 연하여지고 잎사귀를 내면 여름이 가까운 줄 아나니 이와 같이 너희가 이런 일이 일어나는 것을 보거든 인자가 가까이 문 앞에 이른 줄 알라"**막 13:28-29** 곧 정신을 차리고 시대를 분별하며 깨어있으라고 말씀하신 것입니다.

무엇보다 현대사회는 하나님을 부정하고, 하나님의 창조 질서와 교훈을 거스르며, 그동안 인류가 공감하고 발전시켜 온 윤리의 기준을 파괴하고 있습니다. 사랑이 식고 있으며 의와 진실의 터가 무너지고 있습니다. 깨어있지 않으면 자신도 모르게

이 세상 풍조the pattern of this world에 휩쓸려 살게 될 것입니다.

"만물의 마지막이 가까이 왔으니 그러므로 너희는 정신을
차리고 근신하여 기도하라"_벧전 4:7

3.
재림의 때

예수님은 말세의 징조들에 대해 말씀하시면서도 "그러나 그 날
과 그 때는 아무도 모르나니 하늘의 천사들도 아들도 모르고 오
직 하나님만 아시느니라"마 24:36고 하셨습니다. 하나님의 아들
이신 예수님께서도 모른다고 하신 말씀은 때를 정하시는 권한
이 오직 하나님께만 있다는 뜻입니다. 이때는 물리적인 시간을
말하는 것이 아니라 하나님께서 정하신 때(카이로스) 곧 적기
(適期)를 말합니다. 우리 각자의 종말[죽음]의 때도 마찬가지입
니다.

　　　이 정하신 때를 하나님만이 아시고 사람들에게 알리지 않
으신 것은 하나님의 지혜로우신 섭리입니다. 만약 하나님께서
정하신 때를 사람들이 알게 된다면 어떻게 될까요? 세상은 뒤죽

박죽이 되고 말 것입니다. 대신 분명히 종말이 있다는 것은 알지만 그날과 그때는 알지 못하기 때문에 항상 깨어 준비하고 있어야 합니다. 그리스도의 재림이 언제 있을지 모르기 때문에 오히려 언제 오시더라도 주님을 맞을 수 있도록 준비하고 있어야 한다는 말씀입니다.

한때 시한부 종말론자들이나 기독교 이단 종파들이 "그날과 그때"를 특정하여 세상을 미혹하기도 하였습니다. 그들은 주님의 재림을 사모함이 넘쳤든지 "아들도 모른다"라는 그때를, 자신들은 특별한 계시를 받아 알게 되었다며 이를 발표하고 소동을 일으켰습니다. 이단 종파 중에 안식일예수재림교회와 여호와증인이 재림의 때를 알렸다가 불발되었던 적이 있고, 우리나라에도 1992년에 다미선교회(대표 이장림)라는 단체가 이런 일로 우리 사회를 소란케 하였습니다.

그러나 이런 이단자들의 행태에 대한 반작용인지 오늘날 기독인 중에는 그리스도의 재림에 대해 관심도 없고 다시 오실 주님을 사모하지도 않는 사람들이 많습니다. 그리스도의 재림을 준비하라는 목회자들의 설교도 듣기가 어렵습니다. 더구나 "곧 오시리라"고 약속하신 그리스도께서 2천 년이 지나도록 오시지 않는 것을 보면 과연 주님의 재림은 있는 것인가라는 의심을 가진 사람들도 많아지고 있습니다.

이런 회의론자들은 사도들이 생존해 있던 초대교회 때부터 있었던 것 같습니다. 그래서 베드로 사도는 다음과 같이 말씀했습니다.

> "주께는 하루가 천 년 같고 천 년이 하루 같다는 이 한 가지를 잊지 말라"고 하시며 "주의 약속은 어떤 이들이 더디다고 생각하는 것 같이 더딘 것이 아니라 오직 주께서는 너희를 대하여 오래 참으사 아무도 멸망하지 아니하고 다 회개하기에 이르기를 원하시느니라"_벧후 3:8,9

성경은 마지막 때에 나타날 여러 가지 징조들에 대해 말씀하고 있는데, 오늘날 세상에서 일어나고 있는 현상들을 비교해 보면 주의 날이 멀지 않았다는 느낌이 매우 강하게 다가옵니다.

| 복습 |

1. 종말이 가까워질 때의 징조에는 어떤 것들이 있습니까?

_____

_____

_____

_____

2. 우리 개개인들의 종말[죽음]이나 그리스도의 재림의 때를 하나님 외
   에는 아무도 모른다고 하였습니다. 이렇게 하시는 하나님의 섭리에
   는 어떤 지혜가 있습니까?

_____

_____

_____

_____

제9장

영생

▶ 부활과 영생은 우리 신앙의 요체입니다. 우리는 언제나 이 소망을 품고 살아갑니다.

1.
중간상태

중간상태란 말은 믿는 자들이 죽은 후 그리스도의 재림과 최후의 심판이 있을 때까지 어떤 상태로 존재하느냐에 대한 신학적인 용어입니다.

첫째는 수면설입니다. 성경에는 죽은 자들을 "잠자는 자들"이라고 한 말씀이 많습니다. 그런데 "잠자는 자들"이란 표현은 죽은 자들이 의식이 없이 수면 상태에 있다는 뜻이 아니라 이 땅에서의 모든 수고를 그치고 안식하고 있다는 비유적인 표현입니다. 계 14:13 죽은 자들이 의식이 없다면 어떻게 천국의 복락과 영광을 누릴 수가 있겠습니까? 누구나 죽으면 즉시 믿는 자들은 영생에, 믿지 않는 자들은 멸망에 들어갑니다(참고, 부자와 나사로의 비유).

"예수께서 이르시되 내가 진실로 네게 이르노니 오늘 네가 나와 함께 낙원에 있으리라"_눅 23:43

"그러나 너희가 이른 곳은 시온 산과 살아 계신 하나님의 도성인 하늘의 예루살렘과 천만 천사와 하늘에 기록된 장자들의 모임과 교회와 만민의 심판자이신 하나님과 및 온전하게 된 의인의 영들과 새 언약의 중보자이신 예수와 및 아벨의 피보다 더 나은 것을 말하는 뿌린 피니라"_히 12:22-24

둘째는 연옥설입니다. 천주교회에서 구약성경의 외경인 마카비2서에 나오는 구절을 근거로 이런 주장을 합니다. 연옥 purgatory은, 말하자면, 믿는 자들이 천국에 들어가기 전에 거쳐야 하는 수련장과 같은 곳입니다. 비록 신자들이 믿음으로 산다고 하였으나 여전히 죄가 많고 죄로 오염돼 있는 상태에서 죽기 때문에 연옥에서 죄를 정결하게 한 후에야 천국에 들어간다고 합니다. 거기서 죗값을 모두 치르고 완전히 성화되어야 한다는 것입니다. 연옥에 머무르는 기간은 사람에 따라 몇 시간에서 몇 천년까지 일정치 않다고 합니다. 세상에서 성자와 같이 경건하게 산 사람들은 짧은 기간을 머물면서 수련을 받지만, 완악하여 순종치 않던 자들은 온전히 변화될 때까지 아주 오랫동안 벌을 받아야 한다고 주장합니다.

이 연옥설은 우리가 믿는 바 신앙고백 자체에 심각한 문제들을 야기합니다. 무엇보다 우리의 가장 중요한 신앙고백인 이신칭의(以信稱義) 곧 믿음으로 의롭다함을 받는다는 신앙고백에 문제를 야기합니다. 성경은 사람이 스스로 자신을 죄에서 구원할 수 없으며, 또한 사람은 자신의 선한 행위나 노력으로 의롭다함을 받는 것이 아니라 오직 하나님의 은혜로 믿음으로 말미암아 의롭다함을 받는다는 것을 수없이 강조하고 있습니다. 예수 그리스도의 보혈이 우리를 정결하게 합니다. 롬 3:24, 요일 1:7 우리가 이 보혈의 공로를 믿음으로 의롭다고 함을 받습니다.

"그리스도께서는 장래 좋은 일의 대제사장으로 오사 손으로 짓지 아니한 것 곧 이 창조에 속하지 아니한 더 크고 온전한 장막으로 말미암아 염소와 송아지의 피로 하지 아니하고 오직 자기의 피로 영원한 속죄를 이루사 단번에 성소에 들어가셨느니라 염소와 황소의 피와 및 암송아지의 재를 부

---

*외경(外經 apocrypha)이란 주전(BC) 200년에서 주후(AD) 100년 사이에 나온 성문서(聖文書)들인데 정경(正經 cannon)으로 인정되지 않은 책들을 말합니다. 그런데 천주교에서는 종교개혁에 대응하기 위해 열렸던 트렌트종교회의(1545-1563)에서 외경들의 대부분을 정경으로 채택하여 성경에 수록하였습니다. 외경 외에도 가경(假經 pseudepigrapha)이란 책들도 있는데 외경과 거의 같은 시기에 나온 책들로서, 저자들이 구약의 유명한 인물들의 이름으로 위장해서 쓴 책들입니다. 당시는 유대인들이 극도로 심한 핍박을 받던 시기여서 저자들이 자기 이름을 드러내지 않으려고 그랬던 것입니다.

정한 자에게 뿌려 그 육체를 정결하게 하여 거룩하게 하거
든 하물며 영원하신 성령으로 말미암아 흠 없는 자기를 하
나님께 드린 그리스도의 피가 어찌 너희 양심을 죽은 행실
에서 깨끗하게 하고 살아 계신 하나님을 섬기게 하지 못하
겠느냐"_히 9:13,14

그런데 연옥설은 여기에다 인간의 노력을 첨가시키고 있습
니다. 연옥은 그리스도의 속량 사역을 미완성으로 격하시키며,
거기다 인간의 공로를 더하는 것입니다. 심지어 연옥설은 현세
에 있는 신자들이 죽은 자들을 위한 기도와 헌신(연보)으로 연
옥에 있는 자들의 단련 기간을 단축하게 한다고 말함으로써 역
시 구원을 위한 인간의 공로를 요구합니다. 자신의 구원을 위해
서 뿐 아니라 이미 세상을 떠난 가족이나 친지들의 구원을 위해
서도 힘쓰고 애쓰도록 요구하는 것입니다. 천주교의 타락이 절
정에 이르렀던 중세기에는 이 연옥설이 면죄부(免罪符, 연보를
하고 받는 교황의 면죄확인증 혹은 코인) 판매로까지 이어졌습
니다. 그리고 이 돈으로 화려하고 웅장한 성당들을 건축하였습
니다. 그래서 종교개혁자들은 연옥을 일컬어 교황의 은행이라고
비난하기도 했습니다.

결론적으로 성경에는 중간상태에 대한 말씀이 없습니다.
거듭 말하지만, 누구나 세상을 떠나는 즉시 천국이나 지옥으로

들어가게 됩니다. 천국과 지옥에 대한 용어들이 다수 있지만 그 것들이 다른 곳들을 지칭하는 것은 아닙니다.

2.
영원한 삶

영생은 영원한 삶입니다. 영생은 중생(重生)으로 시작되어 종국에는 천국에서 하나님과 함께 영원히 거하는 삶입니다. 영생이란 말은 구약에서는 시편 133:3과 다니엘서 12:2에 나오며 신약에서는 복음서와 사도행전 그리고 바울 서신 등에 광범위하게 나옵니다.

영생을 설명함에 있어서 우선적으로 알아야 할 내용은 영원이 무엇이냐는 것입니다. 철학사상에서 보면 크게 두 가지 견해가 있습니다. 첫째는 시간의 무한성으로 이해하는 사상입니다. 말하자면 무한한 시간의 연장이라는 주장입니다. 둘째는 영원을 시간의 초월로 보는 사상입니다. 처음도 나중도 없고 운동도 변화도 없는 상태를 말합니다. 그러나 이 두 가지가 다 성경이 말씀하는 영원의 내용을 충분히 담지 못하고 있습니다. 오히려 성경은 두 가지 내용을 다 포괄하고 있다고 할 수 있습니다. 하나님은 시공간 속에 만물을 창조하시고 섭리하실 뿐 아니라 시공간을 초월하여 살아계신 분이기 때문입니다.

따라서 영생이란 시간적으로는 무한하며 질적으로는 완전한 삶이라고 하겠습니다. 곧 영생은 하나님과 함께 살며 그의 모든 은혜와 사랑을 영원토록 누리는 삶입니다.

| 복습 |

1. 천주교가 주장하는 연옥설에는 어떤 치명적인 문제가 있습니까?

_____

_____

_____

_____

2. 영생이란 무엇입니까?

"영생이란 (　　　)적으로는 (　　　)하며 (　　　)적으로는 (　　　)한 삶이다"

제10장

하나님나라에
들어가려면

▸ 내세에는 천국과 지옥이 있습니다. 그러므로 이 문제에 대해서는 모두가 확실한 대답과 대책을 가지고 있어야 합니다. 이것은 노후대책 정도가 아닙니다. 영원한 운명이 갈라지는 종말론적이고 가장 결정적인 일입니다. 우리가 어떻게 지옥의 형벌을 면하고 천국에 들어갈 수 있겠습니까? 어떻게 멸망치 않고 영생을 얻을 수 있습니까? 이것은 현재 누리고 있는 하나님나라나 영원한 본향인 천국에나 들어가는 길은 마찬가지입니다. 이는 둘이 아니라 하나이기 때문입니다.

1.
회개

예수님보다 앞서 와서 그의 길을 준비했던 세례 요한의 설교 중심 메시지는 "회개하라 천국이 가까웠다"입니다. 천국이 가까이 다가오고 있는데, 거기에 들어가려면 회개해야 한다는 말씀입니다. 회개는 죄를 깨닫고, 뉘우치고, 고백하고, 돌이키는 것입니다. 고백은 마음으로 인정할 뿐 아니라 공적으로 시인하는 것입니다. 돌이킨다는 것은 하나님께로 돌아오는 것을 말합니다. 비슷한 말로 회심(回心)이란 말이 있는데 이 말은 최초의 근본적인 회개를 뜻합니다.

그런데 죄를 회개하려면 죄가 무엇인가를 알아야 합니다. 성경이 말하고 있는 죄는 세 가지 관점으로 설명할 수 있습니다. 곧 율법적 관점, 윤리적 관점 그리고 은혜의 관점이다.

(1) 율법적 관점

율법적 관점에서 죄란 법을 어기는 것입니다. 곧 불순종입니다. 그런데 성경을 보면 죄가 단순히 불순종하는 정도가 아님을 알 수 있습니다. 요한일서 3:4에서는 "죄는 불법이라"고 말하고 있는데, 여기 불법이라고 번역된 헬라어는 "아노니아"anonia입니다. 노니아는 법 혹은 규범을 말하는데 앞에 a가 붙으면 nonia가 없다는 말이 됩니다. 직역하면 "무법(無法)"입니다. 그리고 데살로니가후서 2:3에서는 죄인을 가리켜 "불법의 사람"이라고 하였습니다. '아노니아의 사람'이란 말인데 이것도 직역하면 "무법자"입니다.

무법자란 어떤 사람을 말합니까? 자기가 왕이고 자기가 법인 사람입니다. 모든 일의 최종결정권자가 자신인 사람입니다. 따라서 죄의 본질은 자신이 주가 되고 자신이 법이 되는 것입니다. 죄라고 하면 사람들은 흔히 윤리적인 죄를 주로 생각합니다. 그러나 죄의 근본은 자신이 주인이 되는 것이고 자신이 하나님 자리에 앉는 것입니다.

따라서 여기에서 회개란 자신의 주인 됨을 내려놓고 그리스도를 주인으로 모시는 것입니다. 이 회개는 가장 근본적인 회개 곧 회심conversion입니다. 따라서 우리 신앙고백의 첫째는 창조주 하나님이 계신다는 것, 그의 아들 예수 그리스도가 우리의 주시라는 것입니다.

베드로의 신앙고백은 "주는 그리스도시요 하나님의 아들이십니다"라는 것입니다. 도마도 예수님의 부활을 의심하다가 부활하신 예수님을 만났을 때 "나의 주님 나의 하나님이시니이다"요 20:28라고 고백하였습니다. 바울 사도는 "내가 그리스도와 함께 십자가에 못 박혔나니 그런즉 이제는 내가 사는 것이 아니요 오직 내 안에 그리스도께서 사시는 것이라 이제 내가 육체 가운데 사는 것은 나를 사랑하사 나를 위하여 자기 자신을 버리신 하나님의 아들을 믿는 믿음 안에서 사는 것이라"갈 2:20고 하였습니다. 회개는 자기를 부인하고 자기 십자가를 지는 것입니다.

(2) 윤리적 관점

윤리적 관점에서 봤을 때 죄는 몸과 마음이 부패하여 악을 따라 행하는 것입니다. 사람은 마땅히 선하게 살아야 하는데 선을 행하지 않고 악을 행하는 것입니다. 이것이 죄입니다. 그러면 무엇이 선이고 무엇이 악일까요? 성경이 잘 말씀해 주고 있지만 『거짓의 사람들』이란 책을 쓴 M.스캇 펙은 선과 악을 아주 간단히 정의하였습니다.

선 – something for life

악 – something against life

선은 생명을 위하고 생명을 부요케 하는 것이고 악은 생명을 해하고 생명을 쇠하게 하는 것입니다. 무엇이 선이고 무엇이 악인지를 분별하는 기준은 생명이라는 것입니다. 생명을 얻게 하고 더 풍성히 얻게 하는 것이 선입니다. 생명을 죽이고 해치는 것은 악입니다. 따라서 요한복음 10:10 "도둑이 오는 것은 도둑질하고 죽이고 멸망시키려는 것뿐이요 내가 온 것은 양으로 생명을 얻게 하고 더 풍성히 얻게 하려는 것이라"는 말씀에 의하면 예수님은 최고의 선이시며 사탄은 악의 실체요 우두머리라는 것을 알 수 있습니다.

따라서 여기서 회개란 모든 악한 생각과 행위에서 돌이켜 선을 좇아 행하는 것입니다. 바울 사도는 이를 가르쳐 헌 옷을 벗고 새 옷으로 갈아입는 것이라고 말씀했습니다. 옷은 행위를 뜻합니다. 회개는 때 묻은 옷을 세탁하는 것입니다.

"너희는 유혹의 욕심을 따라 썩어져 가는 구습을 따르는 옛 사람을 벗어 버리고 오직 너희의 심령이 새롭게 되어 하나님을 따라 의와 진리의 거룩함으로 지으심을 받은 새 사람을 입으라"_엡 4:22-24

이 회개는 일상에서 이루어집니다. 아침에 샤워하고 외출하지만 들어오면 세수하는 것과 같습니다. 우리가 잠자리에 들면서 지난 하루를 돌아보며 죄를 짓지는 않았는지? 선을 따라 살았는지? 반성하며 회개하는 것입니다.

(3) 은혜의 관점

은혜의 관점에서 보면 죄는 빚이라고 할 수 있습니다. 은혜의 빚, 사랑의 빚입니다. 우리는 일생을 살아오면서 얼마나 많은 은혜의 빚을 지고 사는지 모릅니다. 부모님의 은혜, 스승의 은혜 그리고 무명의 많은 이웃으로부터 알게 모르게 사랑과 은혜를 받으며 살아왔고 또 그렇게 살고 있으며 앞으로도 그럴 것입니다. 특별히 하나님께로부터 받은 은혜는 도무지 헤아릴 수가 없습니다. 하나님이 창조하신 자연을 통해 받는 은혜, 영적으로 받는 구원의 은혜를 어찌 다 헤아릴 수 있겠습니까? 우리는 하나님께서 창조하신 천지만물들을 마음껏 누리며 사용하며 살고 있습니다. 복음송에 "모든 것이 은혜"라는 찬송이 있는데 참으로 그렇습니다.

> 1. 내가 누려왔던 모든 것들이 내가 지나왔던 모든 시간이
>   내가 걸어왔던 모든 순간이 당연한 것 아니라 은혜였소

2. 아침 해가 뜨고 저녁의 노을 봄의 꽃 향기와 가을의 열매
   변하는 계절의 모든 순간이 당연한 것 아니라 은혜였소

3. 내가 이 땅에 태어나 사는 것 어린 아이 시절과 지금까지
   숨을 쉬며 살며 꿈을 꾸는 삶 당연한 것 아니라 은혜였소

모든 것이 은혜 은혜 은혜 한없는 은혜
내 삶에 당연한 건 하나도 없었던 것을 모든 것이 은혜 은혜
였소

더욱이 우리가 받은 구원의 은혜를 우린 더욱 헤아릴 수가 없습니다. 나의 죄를 죄인을 용서하신 하나님의 은혜, 나 같은 죄인을 자녀 삼아주신 은혜, 우리에게 영생을 주시고 천국을 소망으로 주신 하나님의 은혜를 어찌 다 헤아릴 수가 있겠습니까?

나 같은 죄인 살리신 주 은혜 놀라워
잃었던 생명 찾았고 광명을 얻었네

이제껏 내가 산 것도 주님의 은혜라
또 나를 장차 본향에 인도해주시리

우리는 빚진 자들입니다. 그런데 많은 사람들이 이것을 모르고 삽니다. 혹은 알면서도 감사하지도 예배하지도 않습니다. 이것이 바로 죄입니다. 배은망덕의 죄입니다. 로마서 1장 하반부에는 하나님의 진노를 일으키는 죄에 대하여 말씀합니다. 거기서 지적하는 첫 번째 죄가 바로 감사하지 않는 죄입니다.

"하나님을 알되 하나님을 영화롭게도 아니하며 감사하지도 아니하고 오히려 그 생각이 허망하여지며 미련한 마음이 둔하여졌나니"_롬 1:21

우리는 인간관계에서도 배은망덕할 때가 많습니다. 우리는 배은망덕 하는 사람을 가르쳐 '인간도 아니라'고 말하는 사람들이 있습니다. 그런데 하나님께 대해 어떻습니까? 참으로 배은망덕할 때가 얼마나 많습니까?

따라서 여기서 회개란 아주 단순합니다. 곧 은혜를 알고 은혜에 감사하는 것이 회개입니다. 사랑의 빚은 알아주는 것으로 갚을 수 있습니다. 알고 감사하는 것으로 갚을 수 있습니다. "내게 주신 모든 은혜를 내가 여호와께 무엇으로 보답할까"시 116:12 라는 고백이 바로 회개입니다.

경제적인 빚을 진 사람은 그 빚을 갚아야 문제가 해결되고 관계가 회복됩니다. 그러나 사랑의 빚은 은혜를 알고 감사하는 것으로 갚을 수 있습니다. 부모에게 받은 사랑과 은혜는 돈으로 갚는 것 이전에 은혜를 알아주고 감사함으로 갚습니다. 하나님께 대해서는 더욱 그러합니다. 우리가 어찌 하나님의 은혜를 갚을 수 있겠습니까? 많은 연보로 갚겠습니까? 율법의 선한 행위로 갚을 수 있겠습니까? 금식과 고행으로 갚을 수 있습니까? 사랑의 빚은 믿고 감사함으로 갚는 것입니다.

나는 은혜를 알지 못하고 알면서도 감사하지 않는 죄가 가장 큰 죄라고 생각합니다. 이야말로 용서 받지 못할 죄입니다. 사죄의 은혜로 거부하는 제가 어찌 용서 받을 수 있겠습니까?

그래서 신앙생활을 감사 생활이라고 하는 것입니다. 감사함으로 예배를 드리고, 감사함으로 하나님의 뜻을 생각하며 살고, 감사함으로 다른 사람들에게 은혜를 베풀며 사는 것입니다. 우리 신앙의 목표는 범사에 감사하는 자리에까지 이르는 것입니다.

2.
그리스도를 믿음

우리가 하나님나라에 들어가기 위해 해야 할 두 번째 일은 그리스도를 믿고 따르는 것입니다. 예수님은 "회개하고 복음을 믿으라"고 말씀하셨습니다. 여기서 복음은 그리스도의 속량을 말합니다. 이것은 하나님께서 예정하시고 계시하신 언약입니다. 하나님은 당신의 독생하신 아들 그리스도를 세상의 구주로 보내실 것을 언약하셨고, 또 누구든지 그를 믿으면 멸망치 않고 영생을 얻으리라고 약속하셨습니다. 예수님을 믿고 그를 따라가면 천국에 이르게 됩니다.

"하나님이 세상을 이처럼 사랑하사 독생자를 주셨으니 이는 그를 믿는 자마다 멸망하지 않고 영생을 얻게 하려 하심

이라"_요 3:16

"예수께서 이르시되 내가 곧 길이요 진리요 생명이니 나로 말미암지 않고는 아버지께로 올 자가 없느니라."_요 14:6

"또 증거는 이것이니 하나님이 우리에게 영생을 주신 것과 이 생명이 그의 아들 안에 있는 그것이니라. 아들이 있는 자에게는 생명이 있고 아들이 없는 자에게는 생명이 없느니라."_요일 5:11-12

3.
그리스도와 동행

그리스도와의 동행은 내적인 믿음이 외적으로 드러나는 삶입니다. 성경은 하나님을 경외하며 믿음으로 산 사람들을 하나님과 동행한 사람들로 소개합니다. 에녹과 노아가 그랬고 _{창 5:21-24,} _{6:9,} 아브라함이 그러했습니다. 믿음과 행위는 분리할 수가 없습니다. 믿는다고 하면서 주님과 함께 살지 않는다면 그 믿음은 거짓된 것입니다.

물론 그리스도를 믿으면서도 우리의 연약함 때문에 죄를 짓거나 유혹에 넘어질 수도 있습니다. 우리의 신앙이 온전함에 이르는 것은 어쩌면 이 땅에 사는 동안에는 불가능할지도 모르겠습니다. 하지만 그렇다고 해서 우리가 주님을 떠난 것은 아니며, 주님도 우리를 버리시지 않습니다. 우리가 잘못을 시인하고

고백하면 신실하신 하나님은 우리를 의롭다 하시고 깨끗하게 해 주십니다. 요일 1:9

동행과 동거는 그리스도를 주로 믿고 영접함으로 시작됩니다. "볼찌어다 내가 문밖에 서서 기다리노니 누구든지 내 음성을 듣고 문을 열면 내가 그에게로 들어가 그와 더불어 먹고 그는 나와 더불어 먹으리라" 계 3:20

동행의 시작은 말씀을 묵상하고 기도하는 일입니다. 말씀과 기도로 하루를 시작하고, 저녁에는 자신의 하루를 돌아보며 감사와 회개와 간구의 기도를 한 후 잠자리에 드는 것입니다. 그리고 중요한 사실은 우리가 무슨 일을 하든지 항상 주님의 "선하시고 온전하신 뜻"이 무엇인지 분별하고 그 뜻을 따라 행하는 일입니다. 이렇게 주님과 동행하다 보면 어느 날 그리스도의 아버지 곧 우리의 아버지 집에 이르게 될 것입니다.

| 복습 |

1. 하나님나라에 들어가려면 가장 먼저 해야 할 것이 무엇입니까?

_____

_____

_____

_____

2. 하나님과의 동행은 어떻게 하는 것일까요?

_____

_____

_____

_____

제11장

하나님나라를
소망하는
성도의 삶

▶하나님의 약속의 말씀과 하나님나라의 소망을 가진 성도들은 어떻게 살아야 할까요? 앞장에서 그리스도와 동행하는 삶을 간단히 언급했는데, 이 장에서는 좀 더 적극적인 내용을 살펴봅니다.

1.
기쁨과 감사의 삶

성경에는 "기뻐하다" "즐거워하다"라는 말씀이 수없이 나옵니다.

"여호와께서 다스리시니 땅은 즐거워하고 허다한 섬들은 기뻐할지어다"_시 97:1

"내가 여호와로 말미암아 크게 기뻐하며 내 영혼이 나의 하나님으로 말미암아 즐거워하리니 이는 그가 구원의 옷을 내게 입히시며 공의의 겉옷을 내게 더하심이 신랑이 사모를 쓰며 신부가 자기 보석으로 단장함 같게 하셨음이라"_사 61:10

"비록 무화과나무가 무성하지 못하며 포도나무에 열매가 없으며 감람나무에 소출이 없으며 밭에 먹을 것이 없으며 우리에 양이 없으며 외양간에 소가 없을지라도 나는 여호와로 말미암아 즐거워하며 나의 구원의 하나님으로 말미암아 기뻐하리로다"_합 3:17,18

"소망 중에 즐거워하며 환난 중에 참으며 기도에 항상 힘쓰며"_롬 12:12

"항상 기뻐하라 쉬지 말고 기도하라 범사에 감사하라 이는 그리스도 예수 안에서 너희를 향하신 하나님의 뜻이니라"_살전 5:16

우리가 기뻐할 수 있는 이유는 한둘이 아닙니다. 무엇보다 우리의 가장 큰 감사는 구원의 은혜입니다. 그리스도 안에서 우리의 죄를 사해주시고, 성령으로 거듭나게 하셔서 하나님의 자녀로 삼아주셨으며, 하나님나라를 기업으로 주셨습니다. 이 은혜가 지극히 크고 중하여 웨슬리는 "만 입이 내게 있으면 그 입 다 가지고 내 구주 주신 은총을 늘 찬송하겠네" 찬송가 23장라고 노래하였습니다.

그리고 또한 우리의 감사 제목은 하나님께서 온 세상을 다스리고 계신다는 사실입니다. 하나님이 다스리는 나라가 바로 하나님나라입니다. 하나님은 공의와 사랑으로 우리를 다스리십니다. 그리고 하나님은 자기를 믿는 자들을 절대로 버리지 않으시겠다고 약속하셨습니다. 나아가 우리가 당하는 환난이나 심지어 우리가 연약하여 당하는 시험까지도 합력하여 선을 이루게 하신다고 하셨습니다.

> "우리가 알거니와 하나님을 사랑하는 자 곧 그의 뜻대로 부르심을 입은 자들에게는 모든 것이 합력하여 선을 이루느니라"_롬 8:28.

그러므로 하나님의 다스리심과 그 언약의 말씀을 믿는 자들에게는 언제나 기대와 소망이 있기 때문에 매일의 삶을 기쁘게 살아갈 수가 있습니다. 비록 오늘이 힘들고 고난스러워도 소망을 바라보며 인내할 수 있습니다. 세상에는 기쁜 날도 있지만 슬프고 괴로운 날들도 많습니다. 특별히 성도들은 영적인 전쟁 속에 살고 있습니다. 죄와 싸워야 하고, 사랑과 의를 이루기 위한 투쟁도 있습니다. 그리고 손해를 보고 핍박을 당하는 일들도 있습니다. 초대교회의 성도들은 예수 믿는다는 것 때문에 모든 것을 잃어야 했습니다. 그러면서도 이를 기쁘게 받아들였습니다. 그것은 "더 낫고 영구한 소유가 있는 줄" 알았기 때문입니다.

"전날에 너희가 빛을 받은 후에 고난의 큰 싸움을 견디어 낸 것을 생각하라 혹은 비방과 환난으로써 사람에게 구경거리가 되고 혹은 이런 형편에 있는 자들과 사귀는 자가 되었으니 너희가 갇힌 자를 동정하고 너희 소유를 빼앗기는 것도 기쁘게 당한 것은 더 낫고 영구한 소유가 있는 줄 앎이라 그러므로 너희 담대함을 버리지 말라 이것이 큰 상을 얻게 하느니라 너희에게 인내가 필요함은 너희가 하나님의 뜻을 행한 후에 약속하신 것을 받기 위함이라"_히 10:32-35

그리고 우리 성도들에게는 승리가 보장돼 어떤 경우에도 낙심하지 않고 담대하게 살아갈 수 있습니다.

"세상에서는 너희가 환난을 당하나 담대하라 내가 세상을 이기었노라"_요 16:33

"사망아 너의 승리가 어디 있느냐 사망아 네가 쏘는 것이 어디 있느냐 사망이 쏘는 것은 죄요 죄의 권능은 율법이라 우리 주 예수 그리스도로 말미암아 우리에게 승리를 주시는 하나님께 감사하노니 그러므로 내 사랑하는 형제들아 견실하며 흔들리지 말고 항상 주의 일에 더욱 힘쓰는 자들이 되라 이는 너희 수고가 주 안에서 헛되지 않은 줄 앎이라"_고전

15:55-58

"무릇 하나님께로부터 난 자마다 세상을 이기느니라 세상을 이기는 승리는 이것이니 우리의 믿음이니라"_**요일 5:4**

하나님 나라를 소망하는 성도의 삶

151

2.
경건한 생활

베드로 사도는 주님의 재림을 믿는 사람들을 향하여 "거룩한 행실과 경건함으로"벧전 3:11 살며 "하나님의 날이 임하기를 간절히 사모하라"벧전 3:12절고 하였습니다. 바울 사도는 디도에게 편지하면서 "모든 사람에게 구원을 주시는 하나님의 은혜가 나타나 우리를 양육하시되 경건하지 않은 것과 이 세상 정욕을 다 버리고 신중함과 의로움과 경건함으로 이 세상에 살고 복스러운 소망과 우리의 크신 하나님 구주 예수 그리스도의 영광이 나타나심을 기다리게 하셨으니"딛 2:11-13라고 하였으며, 디모데를 향하여 "육체의 단련은 약간의 유익이 있으나 경건은 범사에 유익하니 금생과 내생에 약속이 있느니라"딤전 4:8고 하였습니다.

우리가 죄와 사망으로부터 구원함을 받았고 세상으로부터

건짐을 받아 거룩한 하나님의 백성이 되었으니 하나님의 백성답게 거룩하고 경건하게 살아야 할 것은 당연한 일입니다. 그러나 이것이 우리의 결심만으로 되는 것이 아니기 때문에 우리는 항상 정신을 차리고 깨어있어야 합니다.

"만물의 마지막이 가까이 왔으니 그러므로 너희는 정신을 차리고 근신하여 기도하라"_벧전 4:7, 롬 13:11, 살전 5:6

정신을 차리고 깨어있어야 한다는 것은 하나님을 의식하며 살라는 것입니다. 우리들은 하나님을 잊고 무심하게 살 때가 많습니다. 그러므로 정신을 차린다는 것은 하나님이 계신다는 것, 자신이 하나님 앞에 있다는 사실을 의식하는 것입니다. 하나님 앞에서 자신은 누구이며, 지금 어떻게 살고 있는지, 자신의 소망이 무엇이며 목표가 무엇인가를 확인하고 기억하는 것입니다.

이를 위해 큐티quiet time 곧 매일 말씀을 읽고 묵상하며 기도하는 일을 쉬지 말아야 합니다. 그리고 성도들과 함께 예배드리는 일에 더욱 힘써야 합니다. 예배는 종합적인 은혜의 방편입니다. 예배에는 찬송도 있고 말씀과 기도가 있으며, 순종과 헌신의 다짐과 성도의 교제가 있습니다. 예배는 경건 생활의 시작이고 목표입니다. 성도들의 삶의 목적도 하나님의 영광의 찬송이 되는 것입니다. 엡1:6,12,14, 고전 10:31

그리고 우리가 경건생활에 격려와 힘을 얻으려면 교회를 귀히 여기고 교회의 도움을 받아야 합니다. 교회는 성도들의 어머니와 같습니다. 교회를 떠나서는 신앙생활을 제대로 할 수가 없습니다. 더욱이 소그룹 교회[가정교회]는 서로에게 큰 힘이 되고 격려가 됩니다. 초대 교회는 가정 교회였습니다. 이 작은 교회들이 얼마나 큰 능력을 가지고 있었는지 모릅니다.

소그룹 교회가 가져다주는 유익은 대단히 많습니다. 이 교회는 먼저 믿음의 진실성을 확인하게 해 줍니다. 성도의 교제가 피상적인 데서 실제적인 삶의 나눔으로 발전하게 하며, 이런 교제를 통하여 영적인 상처들이 치유되고 소망을 갖게 됩니다. 그리고 제자 훈련이 아주 자연스럽게 이루어집니다. 나아가 관계 전도를 통해 영혼 구원하는 대사명을 이룰 수 있습니다. 그러기에 성경은 "서로 돌아보아 사랑과 선행을 격려하라"히 10:24고 했습니다. 불붙은 장작도 따로 떼어놓으면 금세 불이 약해집니다. 우리가 연약해도 함께 있으면 강해지고 승리하여 상을 얻을 수 있습니다.

"두 사람이 한 사람보다 나음은 그들이 수고함으로 좋은 상을 얻을 것임이라 혹시 그들이 넘어지면 하나가 그 동무를 붙들어 일으키려니와 홀로 있어 넘어지고 붙들어 일으킬 자가 없는 자에게는 화가 있으리라 또 두 사람이 함께 누우면

따뜻하거니와 한 사람이면 어찌 따뜻하랴 한 사람이면 패하겠거니와 두 사람이면 맞설 수 있나니 세 겹 줄은 쉽게 끊어지지 아니하느니라"_전 4:9-12

3.
보물을 하늘에 쌓는 삶

예수님은 '네 보물을 땅에 쌓아두지 말고 하늘에 쌓으라'고 하셨습니다. 마 6:19-21 여기서 "네 보물"이란 '자신이 보물처럼 귀하게 여기는 것들'을 말합니다. 여러분들이 귀하게 여기는 것이 무엇입니까? 재능입니까? 열정입니까? 재물입니까? 지식입니까? 시간입니까? 젊음입니까? 무엇이든 자신이 귀하게 여기는 것들을 땅에다 쌓지 말고 하늘에 쌓으라는 것입니다. 왜냐하면 천국이 성도들의 본향이며 거기서 영원히 살 것이기 때문입니다.

베드로 사도는 성도들을 향하여 "거류민과 나그네 같다" 벧전 2:11고 하였습니다. 그렇습니다. 세상은 우리가 영주(永住)할 곳이 아닙니다. 잠시 머물다 가는 곳입니다. 우리는 잠시 머물다 갈 곳에다 귀중품을 보관하지 않습니다. 그리고 그곳을 떠날 때에는 작은 것 하나라도 다 챙겨서 가져갑니다. 이처럼 보물을 잠시 머물다 갈 땅에다 쌓지 말고 우리의 영원한 처소인 하늘나라에다 쌓으라는 것입니다.

예술에 재능이 있습니까? 하나님의 영광을 위해 사용하십시오. 지식이 있습니까? 하나님나라를 위해 사용하십시오. 자신에게 젊음과 열정이 있습니까? 그것들을 하나님나라를 위해 사용하십시오. 이 세상에서 잘되고 쾌락을 누리며 사람들에게 영광을 받는 것으로 끝나는 것은 바람을 잡는 것과 같습니다. 우리는 영원히 살 곳에다 보물을 쌓아야 합니다.

하늘에 보물을 쌓는 일에서 우리가 가장 쉽게 실패하는 것들 중 하나는 재물을 사용하는 일입니다. 재물에 대한 욕심은 사람의 몸과 마음에 깊이 박혀 있는 본능입니다. 때론 이것이 우상이 되어 인간의 삶을 좌지우지하기도 합니다. 그러기에 예수님은 "한 사람이 두 주인을 섬기지 못한다"고 말씀하시고, 이어서 "너희가 하나님과 재물mammon을 겸하여 섬기지 못하느니라" 마 6:24고 하시며 '너의 하나님과 맘몬 중에 너의 주는 무엇인지 선택하라'고까지 하셨습니다.

우리는 이 말씀에 놀라지 않을 수 없습니다. 어떻게 하나님과 재물을 두고 양자택일을 하라고 하시는 것입니까? 그러나 예수님은 재물에 대한 인간의 집착이 얼마나 큰지를 아셨습니다. 어떤 사람들에게는 재물이 하나님처럼 돼 있다는 것을 아신 것입니다. 우리는 이 말씀 앞에서 자신은 어떤지 깊이 성찰해 봐야 하겠습니다. 의식적으로는 아무도 재물을 하나님처럼 생각하는 사람이 없을 것입니다. 그러나 우리의 실생활에서도 그러한지 항상 점검해 보아야 합니다.

어떤 사람들은 돈을 모으는 데만 열심입니다. 모으는 것이 취미고 모이는 것이 기쁨입니다. 그런 사람들은 이 재물을 자신을 위해서도 잘 쓰지 않습니다. 남을 위해서는 말할 것도 없습니다. 그러나 다시 한번 생각해 보십시오. 재물이 많아도 그것이 좋은 용도에 쓰이지 않으면 무슨 의미가 있겠습니까? 재물은 수단가치일 뿐 목적가치가 아닙니다.

물론 재물을 후손들에게 유산으로 남기는 것으로 보람을 느낄 수도 있습니다. 그러나 유산은 남기는 자나 받는 자에게 보람과 기쁨만 가져오는 것은 아닙니다. 그 반대인 경우도 많습니다. 많은 유산이 후손들에게 독이 될 수도 있습니다. 성도들은 재물로 부자가 되기보다 선한 일에 부자가 되어야 합니다.

"네가 이 세대에서 부한 자들을 명하여 마음을 높이지 말고 정함이 없는 재물에 소망을 두지 말고 오직 우리에게 모든 것을 후히 주사 누리게 하시는 하나님께 두며 선을 행하고 선한 사업을 많이 하고 나누어 주기를 좋아하며 너그러운 자가 되게 하라"_딤전 6:17,18

예수님이 가르치신 말씀 중에 "어리석은 부자"의 비유가 있습니다. 이 사람은 소출이 많아서 쌓아둘 곳이 없었습니다. 그래서 창고를 더 짓고 거기다 곡식을 가득 쌓았습니다. 그리고 즐거워합니다. 그는 자신을 향하여 "영혼아 여러 해 쓸 물건을 많이 쌓아 두었으니 평안히 쉬고 먹고 마시고 즐거워하자"고 말합니다. 그러나 하나님은 말씀하십니다. "어리석은 자여 오늘밤에 네 영혼을 도로 찾으리니 그러면 네 준비한 것이 누구의 것이 되겠느냐" 눅 12:19,20 그리고 결론적으로 "자기를 위하여 재물을 쌓아두고 하나님께 대하여 부요하지 못한 자가 이와 같으니라" 눅 12:21고 말씀하셨습니다. 우리는 땅에다 보물을 쌓는 어리석은 사람들이 돼서는 안 되겠습니다.

"삼가 모든 탐심을 물리치라 사람의 생명이 그 소유의 넉넉함에 있지 아니 하니라"_눅 12:15

| 복습 |

1. 우리가 이 험한 세상에 살면서도 기뻐할 수 있는 근거는 무엇입니까?

_____

_____

_____

2. 당신의 보물은 무엇입니까? 보물을 하늘에 쌓는다는 것은 어떻게 하
   는 것입니까?

_____

_____

_____

3. 당신은 지금까지 어떤 가치를 추구하며 살아왔는지 반성하며 평가해
   보십시오.

_____

_____

_____

제12장

지옥

▸ 성경은 천국과 지옥의 존재에 대해 확실하게 말씀하고 있습니다. 그리고 이것은 사람이면 누구나 반드시 마주쳐야 하는 궁극적이고 현실적인 문제입니다. 사람은 누구나 죽게 돼 있고, 이 세상을 떠나야 하는 운명을 가지고 있기 때문에 죽음 후의 일에 심각해지지 않을 수 없습니다. 죽음은 누구나 다 기피하고 싫어하는 것이지만, 한편 죽음이 있기 때문에 우리의 삶이 얼마나 진지하고 치열하게 되는지 모릅니다. 죽음이 있기 때문에 주어진 삶이 귀하고 하루하루를 소중하게 여기며 열심히 살게 됩니다. 나아가 우리는 '참으로 천국과 지옥이 있나? 나에겐 천국에 들어갈 만한 믿음이 있나? 나는 하나님나라의 백성인가?'라며 심각하게 묻지 않을 수 없습니다.

▸ 한편 신자들이나 일반인들이나 천국의 존재에 대해서는 긍정적으로 생각하는 사람들이 많지만 지옥에 대해서는 부정적입니다. 천국은 가고 싶은 곳이지만 지옥은 듣기도 싫고 생각조차 하기 싫은 곳이기 때문입니다. 이유는 자신이 천국에 갈 수 있다는 확신이 부족하기 때문입니다. 이단종파인 여호와증인에서는 지옥이 없다고 가르칩니다. 그 참혹하고 고통스러운 지옥은 생각만 해도 무섭습니다. 그러나 만약 지옥이 없다면 구원의 은혜와 하나님나라의 영광이 우리에게 간절히 다가오지 않을지도 모릅니다.

▸ 그런데 예수 그리스도를 믿는 사람들은 천국이 있고 지옥이 있다는 사실을 부정할 수가 없습니다. 왜냐하면 천국과 지옥에 대해서는 예수님께서 가장 많이 그리고 가장 확실하게 말씀하셨기 때문입니다. 또한 예수님은 어떤 선지자나 사도들보다 아주 분명하게 그리고 구체적으로 말씀하셨습니다. 그도 그럴 것이 예수님은 천국에서 오신 분이시고, 믿는 자들을 구원하셔서 하나님나라로 옮기시기 위해 오신 분이기 때문입니다.

▸ 빛과 어두움, 선과 악은 분명하게 구별되고 대조됩니다. 천국과 지옥은 이 구별을 확인해 줍니다.

1.
지옥의 명칭

지옥에 대한 명칭들 중 구약에서는 "스올"sheol이 가장 대표적인 명칭입니다. 그러나 스올이 대부분 지옥이란 뜻으로 사용되고 있지만 지옥만을 지칭하는 말은 아닙니다. 죽음의 장소나 죽음의 상태를 말하기도 하고 희망이 없는 고난을 뜻하기도 합니다. **시 49:14, 잠 1:12, 사 14:15, 욘 2:2 등**

신약에서는 "영원한 불 **마 25:41**, 무저갱 **계 9:1,2**, 불 못 **계 20:14,15**, 둘째 사망 **계 21:8**, 지옥 등"이 있는데 이중에서 대표적인 명칭은 역시 "지옥"입니다. 헬라어로는 게헨나인데 히브리어의 "게 힌놈"에서 온 말입니다. "게"는 골짜기란 뜻이니 "힌놈의 골짜기"란 뜻입니다. 게헨나는 예루살렘 서남쪽에 있는 계곡입니다.

고대에 이방 종교들에서는 그들이 믿는 신에게 사람을 제물로 바치는 일들이 있었습니다. 특히 몰렉을 신으로 섬기던 이방인들은 자신들의 자녀를 불에 던져 제물로 삼았습니다. 레 18:21 그런데 이스라엘 백성들도 하나님을 떠나 극도로 타락했을 때 이 힌놈의 골짜기에서 우상에게 자기의 자녀를 불태워 제물로 바쳤습니다. 이렇게 인신(人身)제사를 했던 곳이 바로 게헨나였습니다. 렘 32:35 게헨나는 너무나 가공할 범죄가 저질러졌던 악명 높은 장소였습니다.

언제부터인지 모르나 예루살렘 주민들은 이곳을 쓰레기장으로 삼았습니다. 예루살렘에서 나오는 모든 더러운 쓰레기들을 이곳에 버렸고 거기서 그것들을 불태웠습니다. 신앙개혁을 일으켰던 유다의 왕들이 우상을 파괴하면서 아마 이곳에서 그것들을 불태웠을 것입니다. 그러므로 예루살렘 성에서 이 골짜기를 내려다보면 거기서는 언제나 검붉은 연기가 하늘을 향해 오르고 있었습니다.

예수님은 이 골짜기야말로 지옥을 설명하기에 아주 적절한 곳임을 아셨습니다. 예수님은 그 골짜기를 가리키면서 불과 유황으로 타는 지옥을 설명하셨습니다. 아래의 성경구절들은 지옥에 대해 예수님이 직접 하신 말씀들입니다.

"몸은 죽여도 영혼은 능히 죽이지 못하는 자들을 두려워하

지 말고 오직 몸과 영혼을 능히 지옥에 멸하실 수 있는 이를 두려워하라"_**마 10:28**

"인자가 그 천사들을 보내리니 그들이 그 나라에서 모든 넘어지게 하는 것과 또 불법을 행하는 자들을 거두어 내어 풀무 불에 던져 넣으리니 거기서 울며 이를 갈게 되리라"_**마 13:41, 42**

"만일 네 눈이 너를 범죄하게 하거든 빼어버리라 한 눈으로 하나님의 나라에 들어가는 것이 두 눈을 가지고 지옥에 던져지는 것보다 나으니라 거기에서는 구더기도 죽지 않고 불도 꺼지지 아니 하느니라 사람마다 불로써 소금 치듯 함을 받으리라"_**막 9:47-49**

2.
관계로 보는 지옥

지옥이 어떤 곳인지 역시 관계로 설명할 수 있습니다. 하나님나라는 의와 사랑의 나라입니다. 의와 사랑을 관계로 말하면 올바른 관계, 완전한 관계라고 할 수 있습니다. 지옥은 이와 반대입니다. 관계가 깨져 있고 뒤틀려 있는 곳입니다. 하나님과의 관계가 깨져 있음은 물론, 이웃과의 관계가 깨져 있으며, 다른 모든 피조물과의 관계도 왜곡되어 있는 곳이 지옥입니다. 우리는 천국과 지옥을 주로 환경으로 설명하지만, 환경보다 더 중요한 것은 관계입니다. 아무리 환경이 좋아도 관계가 깨져 있으면 그곳은 지옥이 됩니다. 서로 자기만이 옳다고 주장하며 서로 미워하고 증오하며 사는 곳이 지옥입니다.

3.
어떤 사람이 지옥에 가나?

사실 지옥에 들어가기 위해 별도로 할 일은 없습니다. 그냥 가만히 있으면 지옥에 갑니다. 왜 그럴까요? 우리는 누구나 다 죄인이기 때문입니다. 롬 3:10-12 죄의 대가는 사망입니다. 롬 6:23 죄로 인해 하나님과의 관계가 끊어지고 모든 은혜에서부터 격리되어 온갖 비참과 저주 아래 거하게 됩니다.

> "그러나 두려워하는 자들과 믿지 아니하는 자들과 흉악한 자들과 살인자들과 음행하고 우상을 숭배하는 자들과 거짓말하는 자들, 이런 자들은 불과 유황으로 타는 못에 던져지리니 이것이 둘째 사망이라"_계 21:8

하나님과의 관계가 깨져 있는 자들은 하나님을 두려워할 수밖에 없습니다. 그러면서도 그들은 하나님의 사랑과 구원을 믿지 않습니다. 그리고 온갖 악한 일들 곧 살인하고, 음행하고 미신과 우상을 숭배하며, 거짓말 하는 자들, 이런 자들은 불과 유황으로 타는 불 못에 들어갈 수밖에 없습니다.

지옥은 하나님의 심판과 저주가 있는 곳입니다. 하나님의 은혜가 완전히 끊어진 곳입니다. 하나님을 믿지 않는 사람, 하나님의 사랑을 거부한 사람들이 가는 곳입니다.

| 복습 |

1. 게헨나는 어떤 곳이었습니까?

_____

_____

_____

2. 천국과 지옥을 관계로 설명해보십시오.

_____

_____

_____

3. 어떤 사람들이 지옥에 갈까요?

_____

_____

_____

제13장

죽음 준비

▶ 성경은 말씀합니다. "한 번 죽는 것은 사람에게 정해진 것이요 그 후에는 심판이 있으리니"(히 9:27) 죽음은 모든 사람에게 정해진 바이지만 그 정해진 때는 아무도 모릅니다. 물론 노쇠하거나 중한 질병이 들었을 때는 죽음이 가까이 있다는 것은 짐작할 수 있지만 그 날과 그 때는 아무도 모릅니다. 주님이 재림하실 때를 모르는 것과 마찬가지입니다. 그래서 주님은 "너희도 준비하고 있으라"고 하셨습니다. 어떻게 죽음을 준비해야 할까요?

1.
메멘토 모리(memento mori)

메멘토 모리memento mori라는 말이 있습니다. '죽음을 기억하라'는 말인데, 고대로부터 전해오는 말이라고 합니다. 이 말은 종들이 황제나 전쟁에서 개선하는 장군들 옆에서 외쳤다고 합니다. 권력과 영광에 취하여 죽음을 잊어버리면 안 된다는 것입니다. 죽음이 있음을 기억하며 어떻게 살아야 할 것인가를 생각해야 합니다.

그리고 죽음이 있음을 기억하는 것은 죽음을 준비하라는 뜻만 있는 것이 아니라 주어진 날들을 즐거워하며 가치 있게 사용하라는 뜻도 들어 있습니다. 죽음을 생각하며 지나치게 불안해하거나 염려하는 것은 하나님나라의 소망을 가진 사람에게는 어울리지 않는 일입니다. 사도들이 죽음 앞에서 근심하며 불안해 할 때 예수님은 "근심하지 말고 하나님을 믿으니 또 나를 믿으라"요 14:1고 하셨습니다. 자신에게 주어진 믿음과 소망을 확인하고 불안과 염려에서 벗어나라고 하신 말씀입니다.

아침에는 일어나면서 새 날을 주신 하나님께 감사하고, 저녁에 잠자리에 들 때는 "내 영혼을 아버지 손에 부탁하나이다"라고 기도하십시오.

> "여호와여 나의 종말과 연한이 언제까지인지 알게 하사 내가 나의 연약함을 알게 하소서 주께서 나의 날을 한 뼘 길이만큼 되게 하시매 나의 일생이 주 앞에는 없는 것 같사오니 사람은 그가 든든히 서 있는 때에도 진실로 모두가 허사뿐이니이다(셀라)"_시 39:4-7

> "우리에게 우리 날 계수함을 가르치사 지혜로운 마음을 얻게 하소서"_시 90:12

내 인생에 가을이 오면

내 인생에 가을이 오면 나에게 물어볼 몇 가지가 있습니다.
내 인생에 가을이 오면 나는 나에게 사람들을 사랑하였는지 물어볼 것입니다.
그때 나는 가벼운 마음으로 대답하기 위해 지금 많은 이들을 사랑하겠습니다.

내 인생에 가을이 오면 나는 나에게 열심히 살았느냐고 물을 것입니다.
그때 나에게 자신 있게 말할 수 있도록 하루하루를 최선을 다해 살아야겠습니다.

내 인생에 가을이 오면 나에게 사람들에게 상처를 주지 않았느냐고 물을 것입니다.
그때 대답하기 위해 사람들에게 상처를 주는 말과 행동을 하지 말아야겠습니다.

내 인생에 가을이 오면 나는 나에게 삶이 아름다웠느냐고 물을 것입니다.
그때 기쁘게 대답하기 위해 내 삶의 날들을 기쁨으로 아름답게 가꾸어 나가겠습니다.

내 인생에 가을이 오면 나는 나에게 부끄럼 없이 살았느냐고 물을 것입니다.
그때 나는 반갑게 말할 수 있도록 지금 좋은 가족의 일원이 되도록 가족을 사랑하고 효도하겠습니다.

내 인생에 가을이 오면 나는 나에게 물을 것입니다.
이웃과 사회와 국가를 위해 무엇을 하였느냐고 물을 것입니다.
나는 그때 힘주어 대답하기 위해 지금 이웃에 관심을 가지
며 좋은 사회인으로 살아야겠습니다.

내 인생에 가을이 오면 나는 나에게 물을 것입니다.
어떤 열매를 맺었느냐고 물을 것입니다.
내 마음 밭에 좋은 생각의 씨를 뿌려 좋은 말과 좋은 행동의
열매를 부지런히 키워야하겠습니다.

*위 시는 저작자가 누구인지에 대한 논란이 있습니다. 많은 사람들이 이 시의 작가가 윤동주라고 알
고 있는데, 사실은 뇌성마비장애인인 김준엽 씨라고 합니다.

2.
복된 죽음을 위한 기도

주 안에서 죽는 자들은 복이 있다고 했습니다.

> "또 내가 들으니 하늘에서 음성이 나서 이르되 기록하라 지
> 금 이후로 주 안에서 죽는 자들은 복이 있도다 하시매 성령
> 이 이르시되 그러하다 그들이 수고를 그치고 쉬리니 이는
> 그들의 행한 일이 따름이라 하시더라"_계 14:13

주님을 믿고 주 안에서 죽는 것보다 더 복된 죽음은 없습니
다. 이 땅에서 아무리 호의호식하며 영광스럽게 살았다하더라도
주 밖에서 죽는 죽음은 불행한 죽음입니다. 우리는 부자와 나사
로의 비유 눅 16:22,23에서 이를 확인할 수 있습니다.

그러므로 믿음 안에서 하나님나라를 소망하며 살다가 주님 손잡고 평안히 안식에 들어가기를 소원하며 기도하십시오. 또한 하나님께서 더욱 자비를 베푸셔서 질병으로 인해 너무 고통당하지 않게 해주시고, 가족들에게 너무 많은 고생시키지 않고 세상을 떠날 수 있도록 기도하십시오.

특별히 임종 직전에는 옆에 있는 사람들의 역할이 중요합니다. 대개 가족들일 경우가 많은데 임종하는 것을 보며 안타까워서 "어머니, 아버지"하고 큰 소리로 부르거나 통곡을 하기도 합니다. 그러나 이런 것은 절대 삼가야 할 행동입니다. 우리는 천국으로 떠나시는 분을 환송하면서 "어머니, 예수님 손 붙잡고 잘 가십시오. 주님 바라보십시오. 저희도 곧 따라 갈 것입니다." 라고 인사하며 찬송을 불러드리십시오. 임종을 맞는 사람들에게 마지막까지 남아있는 것은 청각이라고 합니다.

*죽음을 일컫는 말로는 '별세하셨다. 영면하셨다.' 등이 있고 종교에 따라 다른 용어들을 사용하기도 합니다. 기독교에서는 '소천(召天)하셨다', 천주교에서는 '선종(善終)하셨다' 불교에서는 '입적(入寂)하셨다'는 등의 용어를 사용하고 있습니다. 그리고 조문할 때는 "고인의 명복을 빕니다. 삼가 조의를 표합니다." 등의 인사말이 있는데, 기독교에서는 고인을 위해서는 기도하지 않기 때문에 "명복을 빈다"는 말은 삼갑니다. 대신 "하나님의 위로를 빕니다. 그동안 모시느라 수고 많았습니다. 천국에서 다시 만날 것을 소망합니다." 등의 말로 위로합니다. 조위금을 할 때 봉투에는 앞의 인사말을 쓸 수 있고, 간단하게는 "부의(賻儀)" 혹은 "근조(謹弔)라는 말을 쓰기도 합니다. 장례식은 입관(入棺)식, 발인(發靷)식, 하관(下棺)식의 순으로 진행합니다.

3.
유언

유언은 죽음을 앞두고 가족과 이웃들에게 남기는 말입니다. 이를 기록한 것이 유서입니다. 유서는 사회적인 지위를 가졌거나 상당한 재산을 갖고 있는 사람들만 쓰는 것이 아닙니다. 누구나 자신의 지난날들을 회고하며 가족과 이웃들에게 남기고 싶은 말을 글로 쓰는 것입니다. 그리고 유서는 죽음에 임박해서 쓰기보다 젊을 때 미리 써두면 유익합니다. 갑자기 세상을 떠나게 되더라도 가족들에게 유언을 남길 수 있을 뿐 아니라 무엇보다 자신의 남은 생애를 살아가는 데 큰 도움을 얻을 수 있기 때문입니다. 일 년에 한 번씩 자기가 쓴 유서를 읽으면서 지난날들을 돌아보며 반성하고, 남은 생애의 목적과 목표를 확인할 수 있습니다. 또 내용을 수정하거나 첨가할 수 있습니다. 유서에는 대개

세 가지 내용이 담깁니다.

첫째는 하나님과 가족 그리고 이웃들에게 받은 사랑과 은혜를 기억하며 감사하는 내용입니다. 누구나 살아가면서 헤아릴 수 없이 많은 사랑의 빚을 집니다. 이 빚을 다 갚기에는 인생이 너무 짧습니다. 사랑의 빚은 감사로 갚습니다. 서양 사람들이 죽음에 임박하여 가장 많이 하는 말은 "사랑합니다"와 "감사합니다"라고 합니다. 하나님과 이웃에 감사와 사랑의 마음을 남기며 떠나는 죽음은 아름답습니다.

둘째는 후손들에게 신앙생활을 잘하라고 권면하고 격려하는 내용입니다. 믿음보다 더 귀한 유산은 없습니다. 하나님을 경외하며 말씀을 따라 사는 것이 지혜요 능력입니다. 불신 자녀들이 있다면 마지막 전도의 기회로 알고 더욱 간곡하게 권유하십시오. 믿음으로 소망 중에 살다가 다시 만날 것을 기약하는 것입니다.

셋째는 남기고 가는 재산을 어떻게 할 것인지를 정리해 두는 것입니다. 유산으로 남길만한 재산이 없는 경우도 많지만 적은 재산이라도 가진 분들은 유산문제를 미리 정리해 두는 것이 지혜로운 일입니다. 그리고 유산을 자녀들에게만 남기기보다 사회에 환원함으로 하늘에 보물을 쌓는 마지막 귀한 봉사를 할 수도 있습니다.

유대인들은 "경제적 동물"economic animal이라고 불리며 심지어 "수전노"라는 비난을 받기도 하지만, 주목할 만한 사실은 자신이 일구어낸 기업이나 재산을 자식에게 유산으로 남기기보다 사회에 환원하는 경우가 더 많다고 합니다. 유산 남기지 않기 운동은 옛날부터 시작되어 지금도 계속되고 있습니다. 하여간 재산이 많은 사람들은 자녀들에게 유산을 남기든 사회에 환원하든 많이 기도하며 깊이 생각해 보아야 할 문제임에는 틀림없습니다.

---

*사전연명치료의향서 : 이것은 환자가 의식이 없거나 소생의 가능성이 없다고 판단될 경우 연명치료를 계속할 것인가에 대한 여부를 본인이 사전에 작성해 놓는 문서입니다. 곧 단순히 목숨의 연장을 위한 치료는 받지 않겠다는 본인의 의사를 미리 밝혀두는 것입니다. 이 의향서는 국민건강보험공단에서 접수합니다.

| 복습 |

1. 당신은 오늘 밤에 세상을 떠난다 해도 내일 아침에는 천국에서 눈을 뜨게 될 것이라는 확신이 있습니까?

_____

_____

_____

_____

_____

2. 사람들에게 재산문제는 가장 심각한 문제들 중 하나입니다. 당신은 유산이 후손들에게 갈등이나 문제를 일으키지 않도록 원만히 정리하고 세상을 떠날 수 있겠습니까?

_____

_____

_____

_____

_____

epilogue

우리의 소망은 하나님나라입니다. 이 나라는 오늘도 내일도 우리에게 임하며 온전함을 향하여 나아갑니다. 우리는 어제도 오늘도 하나님께서 예정하신 일들의 성취를 확인하며 복락을 누리고, 그의 언약을 믿고 소망 중에 살아갑니다. 소망은 오늘의 힘이요 내일의 목표입니다. "소망 중에 즐거워하며 환난 중에 참으며 기도에 항상 힘쓰며 **롬 12:12** 살아가시기를 기원합니다.

부록

묻고 답하다(Q & A)

1. 하나님은 진짜 존재하나요? 존재한다면 그는 어떤 분이신가요?

이 질문은 사람들의 원초적이고 궁극적인 질문입니다. 철학이나 종교 그리고 모든 현실에서 언제나 제기되는 질문입니다. 인생의 모든 질문들은 결국 여기로 모입니다. 어떤 곳에서 문제가 생기면 책임자를 찾듯이 사람들이 살다가 인생에 심각한 문제가 생기면 신의 존재여부를 따집니다. 이 질문에는 여러 가지 대답이 있습니다만 누구나 속 시원히 받아들일 수 있는 대답은 없는 것 같습니다. 그리고 사람이면 그 누구라도 여기에 대해 분명한 대답을 할 수 없는 것이 당연하다 하겠습니다.

신학자들의 아버지라 할 수 있는 어거스틴은 "사람은 유한하고 하나님은 무한하신 분이시다. 그러므로 유한한 인간은 무한하신 하나님을 밝혀낼 수 없다"고 하였습니다. 또 어떤 철학자는 "만일 사람이 신의 존재를 증명하고 그가 어떤 분인지를 속시원히 설명할 수 있다면, 그 신은 신일 수 없고 그 사람은 더 이상 사람일 수가 없다"고 했습니다.

하나님은 자신으로 말미암아 존재하시는 분이십니다. 출 3:14 그는 자유자입니다. 따라서 사람은 하나님께서 자신을 나타내시고 말씀하신 것을 믿음으로 알 수 있을 뿐입니다.

"믿음은 바라는 것들의 실상이요 보이지 않는 것들의 증거니 선진들이 이로써 증거를 얻었느니라 믿음으로 모든 세계가 하나님의 말씀으로 지어진 줄을 우리가 아나니 보이는 것은 나타난 것으로 말미암아 된 것이 아니니라"_히 11:1-3

여기서 믿음은 보이지 않은 것을 보게 해줄 뿐 아니라 보이는 것보다 보이지 않는 것이 더 완전하고 영원한 실상이라는 사실을 보게 하는 눈입니다. 따라서 우리는 하나님을 알고 믿는 것이 아니라 믿음으로 알게 됩니다. 믿고 나아갈 때 우리는 그가 살아계신 것과 그를 찾는 자들을 만나 주신다는 것을 경험하게 됩니다. 그래서 하나님은 "증명되는 존재"가 아니라 "경험되는 존재"라고 말합니다.

자신이 하나님을 만나지 못하고 알지 못한다고 해서 하나님의 존재를 부인하는 것은 어리석은 자입니다. "어리석은 자는 그의 마음에 이르기를 하나님이 없다 하는도다…" 시 14:1 비록 하나님을 잘 모른다 하더라도 그 존재를 인정하고 찾는 자가 지혜로운 자가 아닐까요? 우리가 믿음을 가지면 하나님의 계시인 성경을 통해 하나님이 누구이신가를 알 수 있습니다. 그리고 믿음의 눈으로 자연만물들과 인간을 바라보면 도처에서 하나님을 발견할 수 있습니다. 롬 1:19

2. 하나님나라에 가신 성도들이 아직 이 땅에 살고 있는 사람들을 보고 있을까요?

논란이 많습니다만 긍정적으로 생각하고 있는 사람들이 더 많은 것 같습니다. 긍정적인 주장을 하는 사람들이 근거로 들고 있는 말씀은 "이러므로 우리에게 구름 같이 둘러싼 허다한 증인들이 있으니…"히 12:1이란 말씀과 예수님께서 하신 "부자와 나사로의 비유"눅 16:19-31입니다. 그리고 성령님의 교통하심으로 가능하다고 주장합니다.

그러나 부정적인 생각을 가진 사람들은 "허다한 증인들"히 12:1이란 지나간 핍박의 역사 가운데서 믿음으로 승리한 모든 사람들을 지칭하는 것뿐이라고 말하며 또한 부자와 나사로의 비유로 이를 추정하는 것도 지나치다고 생각합니다. 그들은 천국에 있는 성도들이 지상에 남아있는 사람들을 내려다보며 기도를 하거나 축복한다는 주장은 조상숭배나 미신 종교의 영향으로 생각하기도 합니다.

3. "휴거(携擧 rapture)"란 무엇인가요?

휴거란 말의 헬라어는 "데려가다" 또는 "빼앗아가다"라는 말입니다. 우리 성경에서는 "끌어올리다"로 번역하고 있습니다. 이 말은 데살로니가전서 4:17에 나옵니다. 바울 사도는 주님께서 재림하실 때에 "그리스도 안에서 죽은 자들이 먼저 일어나고"^살전 4:16, "그 후에 우리 살아남은 자들도 그들과 함께 구름 속으로 끌어올려 공중에서 주를 영접하게 하실"^{살전4:17} 것이라고 하였습니다. 여기서 휴거라는 신학적인 용어가 나왔습니다.

그런데 휴거란 예수님의 재림을 전후해서 일어날 어떤 특별한 하나의 과정이 아니라 재림 시에 있을 동시적인 사건이라는 것입니다. 곧 왕이 어느 성에 행차할 때 성중의 백성들이 나와서 환영하며 맞이하듯이 주님이 오실 때 성도들이 공중에서 그를 맞이할 것입니다.

4. 복음을 듣지도 못하고 세상을 떠난 사람들은 어떻게 되나요?

많은 사람들이 이런 의문을 가지고 있습니다. 기독교의 복음이 전해지기 전에도 헤아릴 수 없이 많은 사람들이 살다가 세상을 떠났습니다. 그리고 지금도 세상에는 수많은 민족들이 있고 다양한 종교들도 있습니다. 이들의 구원문제는 어떻게 되는 것일까요? 그들은 창조주 하나님을 알지 못했고 예수님을 믿지도 않았기 때문에 모두 지옥에 가는 것일까요?

성경에서 여기에 대한 명시적인 대답을 찾기는 어렵습니다. 그러나 구원론의 교리로만 말한다면, 그들은 하나님도 그리스도도 믿지 않았고 율법도 복음도 알지 못했으므로 구원을 얻지 못했다고 하겠습니다.

　그렇다면 복음을 듣지도 못한 사람들은 억울하게 심판받는 것이 아니냐고 질문할 수 있습니다. 그러나 인류는 죄로 인하여 이미 심판[정죄]을 받아 영적으로 죽은 자들이므로 그들에 대한 하나님의 심판이 공의롭지 않다거나 억울하다고 말할 수는 없습니다. 그들이 억울하다고 하기보다 복음을 듣고 구원받은 사람들이 너무나 크고 놀라운 복을 받은 사람이라고 말하는 것이 옳겠습니다.

　다만 로마서 2:12-16을 보면 하나님의 심판이 성경에 기록된 말씀[율법]에 의해서만 아니라 양심의 법을 따라서도 행하여진다는 것을 알 수 있습니다. "율법 없는 이방인이 본성으로 율법의 일을 행할 때에는 이 사람은 율법이 없어도 자기가 자기에게 율법이 되나니 이런 이들은 그 양심이 증거가 되어 그 생각들이 서로 혹은 고발하며 혹은 변명하여 그 마음에 새긴 율법의 행위를 나타내느니라" 롬 2:14,15

　그리고 행 14:30에는 "알지 못하던 세대에는 모든 민족으로 자기들의 길을 가게 방임하셨으니"라고 하셨고, "알지 못하던 시대에는 하나님께서 간과하셨거니와 이제는 어디든지 사람에게 다 명하사 회개하라 하셨으니" 행 17:30라는 말씀을 보아 하나님은 선하게 산 사람들을 억울하게 하시지는 않을 것입니다. 나아가 구원받은 사람들도 상급[영광]이 다르다고 하였으니 지옥에서도 징벌이 똑같지는 않을 것으로 추정됩니다.

그런데 하나님의 작정하심과 선택과 경륜은 전적으로 그에게 속해 있음으로 사람들의 구원과 멸망에 대한 궁극적인 대답은 우리 사람이 할 수 없습니다. 요한복음 21:21-23에 보면 베드로가 예수님께 요한의 미래에 대해 질문하였을 때 예수님께서는 "내가 올 때까지 그를 머물게 하고자 할지라도 네게 무슨 상관이냐 너는 나를 따르라"요 21:22고 하셨습니다.

우리에게 중요한 것은 다른 사람들의 구원 문제가 아니라 자신의 구원 문제입니다. "나는 하나님과 어떤 관계 속에 있나? 그리스도를 구주로 믿고 거듭났는가? 믿는 자들에게 상속될 하나님의 기업인 천국을 믿고 기대하며 앙망하는가?" 이런 질문에 대답을 준비하는 것이 우선적인 일입니다.

5. 천국을 보았다는 사람들의 간증은 어떻게 생각해야 할까요?

우리 주위에는 간혹 천국과 지옥을 보았다는 사람들이 있어서 주목을 받기도 합니다. 그리고 자신의 이런 경험을 간증하며 다니는 사람들이 있고 또 출판된 책들도 상당수가 있습니다. 이런 간증들은 천국의 실재를 의심하는 사람들에게는 약간의 유익을 줄 수도 있다고 생각합니다. 그런데 그런 사람들의 간증 중에는 극히 개인적이고 신비주의적인 체험이거나 심지어 거짓된 간증들도 있기 때문에 조심해야 합니다. 사탄은 또 이런 방법으로 사람들을 혼란에 빠뜨리고 이단으로 유혹하는 경우도 많기 때문에 천국과 지옥에 대한 과도한 호기심은 우리를 건전한 신앙생활에서 벗어나게 만들 수도 있습니다.

모든 신학사상이나 주장들, 그리고 개인적인 간증 등의 진위여부를 판단할 수 있는 표준은 성경입니다. 그러므로 우리가 성경에서 말씀하신 하나님나라를 믿을 수 있다면 이런 개인적인 체험들에 너무 많은 관심을 가질 필요가 없으리라고 생각합니다. 우리가 어차피 세상에 사는 동안에는 하나님나라를 완전히 이해할 수 없기 때문입니다.

*참고로 두 권의 책을 소개합니다.

엠마누엘 스웨덴보그(1688-1772)『나는 영계를 보았다』
서음미디어, 2005.
이븐 알렉산더 『나는 천국을 보았다』 김영사, 2016.

이 저자들의 공통점은 둘 다 과학자라는 것입니다. 스웨덴보그는 당시 영국의 아이작 뉴턴(1642-1727)과 같은 시대의 유명한 물리학자였고, 이븐 알렉산더는 하버드의 의사이며 뇌과학

자입니다. 이런 점에서 참고가 될 만한 책이라고 생각하지만 역
시 우리가 전적으로 신뢰할 수 있는 책은 성경뿐입니다.

우리의 소망, 하나님 나라

초판 인쇄일 2024년 10월 24일
초판 발행일 2024년 11월 4일
지은이 정주채
발행인 이기룡
펴낸곳 생명의양식
등록번호 서울 제22-1443호(1998년 11월 3일)
주 소 서울특별시 서초구 고무래로 10-5(반포동)
전 화 (02)592-0986
팩 스 (02)595-7821
홈페이지 qtland.com
디자인 이새봄